SIMONA STOYTCHKOVA

Die aus dem Osten

ALS WENDEKIND INS BIG BUSINESS

MURMANN

INHALT

VORWORT

ISABELLE HOYER: DENK ICH AN OSTDEUTSCHLAND

Gefragt, woher ich komme, sage ich: »Jetzt gerade aus Bayern, aber ursprünglich aus Dessau. Das ist in Sachsen-Anhalt.« Inzwischen lebe ich länger im Westen als im Osten. Fühle ich mich dennoch ostdeutsch? Ganz entschieden ja. Meine ostdeutsche Herkunft betone ich bei fast jeder Gelegenheit, ich weiß aber, dass viele meiner Landsleute genau das immer noch tunlichst vermeiden. Zu oft haben sie Ablehnung und Diskriminierung erlebt. In wie naher oder ferner Zukunft liegt das Ablaufdatum der »Ost-West-Debatte«? Wie können mehr Verständnis und Verständigung zwischen Ost und West für ein vereintes Deutschland geschaffen werden? Genau damit beschäftigt sich Simona in ihrem Buch, und deshalb war es mir eine besondere Freude und Ehre, als sie mir anbot, das Vorwort für ihr Buch zu schreiben.

Ich hatte eine unbeschwerte Kindheit. Die Mechanismen staatlicher Kontrolle waren zwar präsent, für uns Kinder aber eher lästiger Alltag als ernsthafte Bedrohung. Ich erlernte Werte, die mir bis heute wichtig sind. Solidarität, Gleichheit und »das Kollektiv« als Maßstab – das wurde uns in der Schule wahrlich effektiv vermittelt. Zu Hause gab es wenig Geld, was allerdings keine große Rolle spielte. Es war ja bei niemandem anders. Bodenständigkeit, Pragmatismus, Improvisationstalent und die Fähigkeit, aus jeder Situation das Beste zu machen, habe ich mit der Muttermilch aufgesogen. Für die wohl große Mehrheit unserer Eltern war die Wende ein Glücksmoment. Niemand von ihnen konnte jedoch erahnen, dass nicht nur die ersehnte Freiheit, sondern auch tiefe Enttäuschungen folgen würden. Dass zum Beispiel die Großstadt Dessau, mein Heimatort, zum ländlichen Raum schrumpfen würde, infolge von Abwanderung den größten Wohnungsleerstand und höchsten Altersdurchschnitt in ganz Deutschland aufweisen würde.

Wir Kinder setzten den zweiten Teil unserer Schulzeit einfach im vereinigten Deutschland fort. Bis zum Abitur waren wir alle mehr oder weniger in diesem neuen Land angekommen. Geld gab es immer noch keins, dafür stand uns aber die ganze Welt offen. Sicherheit und Freiheit – meine Generation konnte aus beiden Systemen das Beste mitnehmen. Wer kann schon von sich sagen, in seinem Leben die Möglichkeit bekommen zu haben, zwei so unterschiedliche Systeme von innen kennenzulernen? Eine schicksalhafte Wende, genau zum richtigen Zeitpunkt im eigenen Leben, mitzumachen? Wir, die »dritte Generation Ost«, haben historisch Einzigartiges erlebt und unerwartete, wortwörtlich grenzenlose Lebenschancen geschenkt bekommen.

Mit der Geburt meines Sohnes 2000 und dem Umzug nach Bayern kam der Kulturschock. In mancher Hinsicht war es eine Zeitreise, einige Jahrzehnte zurück. Keine Betreuung für unter Dreijährige im Ort, also täglich stundenlange Pendelei zwischen Kinderkrippe und Arbeitsplatz, im Sommer vier Wochen Schließzeit, über 300 Euro Gebühr bei extrem schmalem Eigenbudget. Ich kannte es von früher ganz anders: Junge Frauen, die studierten, arbeiteten, ledig, verheiratet oder wieder geschieden waren. Mutterschaft, Ausbildung, Beruf und Sozialleben vereinbarten sie mit der größten Selbstverständlichkeit. Niemand hatte Geld, dafür Schaffenskraft und Optimismus. So kannte ich es von allen Frauen meiner Kindheit: von meiner Mutter, meinen Großmüttern, meinen Tanten. Ohne diese Frauen als Vorbilder – mit ihrer Autonomie und ihrem Vertrauen in sich selbst und das Leben – hätte mein Lebensweg mit Sicherheit anders ausgesehen.

Es darf aber leichter werden. Darum ist der Einsatz für Gleichberechtigung in der Arbeitswelt seit über zehn Jahren für mich nicht mehr nur eine Herzensangelegenheit. Eine Parallele also zu Simona, die mit ihrer Arbeit, ihrer Position im Spitzenmanagement, wirklich Bewundernswertes leistet. Die in aller Konsequenz daran arbeitet, Benachteiligung jedweder Art und hierarchische Strukturen abzubauen, um Veränderung und Zukunft zu ermöglichen. Als Geschäftsführerin von PANDA – The Women Leadership Network will auch ich mit meinem Team etwas verändern. Wir begleiten Unternehmen dabei, ihre Kultur zu verändern, haben mit dem Bundespräsidialamt gearbeitet und mit dem Beauftragten der Bundesregierung für Ostdeutschland im Kanzleramt die Frage nach der Repräsentanz Ostdeutscher in Führungspositionen auf unsere Agenda gesetzt. Mit »Employers for Equality« erreichen wir Tausende Menschen in Unternehmen mit Bildungsangeboten zum Thema Diversität. Meine Familie konnte mich bei der Unternehmensgründung nicht mit eigener Erfahrung, Kapital oder Netzwerk unterstützen. Aber die innere Stärke und den Mut, den sogenannten »Gleichstellungsvorsprung Ost«: Dies haben mir die Ostfrauen mitgegeben.

Meine Schwester kam im Sommer 1989 zur Welt. Sie wurde mit bunteren Spielzeugen, TV-Sendungen und Süßigkeiten groß. Und mit Eltern, die den Verlust von Sicherheiten bewältigen, ganz neue Spielregeln lernen und lange Arbeitslosigkeit erleben mussten. In der Welt meiner Schwester spielte Geld eine völlig andere Rolle als in meiner Kindheit. Sein Fehlen markierte nun sichtbare Unterschiede und limitierte den Zugang zu den jetzt doch im Überfluss vorhandenen Möglichkeiten. Ich erinnere mich an einen Bildband über Kanada, den meine Eltern zu DDR-Zeiten ergattert hatten und in dem ich oft geblättert habe. Kanada, das Sehnsuchtsland meines Vaters, der vor kurzem 70 Jahre alt geworden ist. Seinen Traum von einer Reise dorthin konnte er sich in über 30 Jahren deutscher Einheit nicht erfüllen. Neulich erwähnte er, dass er ihn ad acta gelegt habe.

Meine Eltern und meine Schwester leben heute noch in Dessau. Meine Besuche dort führen mich also regelmäßig aus einer der reichsten Regionen ins drittärmste Bundesland Deutschlands. Auf aktuellen Grafiken treten anhand von Indikatoren wie Verdienst, Erbschaften oder Arbeitslosenquote die Umrisse der nicht mehr so neuen Bundesländer glasklar hervor. Nicht, dass wir diese Darstellungen bräuchten. Die Unterschiede sind offensichtlich. Auch im bayerischen Freundeskreis gibt es Gespräche über unser Ossi-Sein – mal in Form von gutmütigen, klischeereichen Scherzen, mal tiefgründiger. Wenn ich vom Leben meiner Familie erzähle, zum Beispiel, was meine Schwester als Physiotherapeutin oder meine Mutter als Krankenschwester verdienen, ernte ich fassungslose Blicke. Für viele ist der Osten weit weg, ein Desinteresse, das sich allein darin niederschlägt, dass ein Viertel aller Westdeutschen seit der Vereinigung noch nicht ein Mal den Osten besucht hat. Die Wende, für Millionen Ostdeutsche ein solch einschneidendes Ereignis, hat ihre Leben kaum berührt.

Vorurteile halten sich dafür auf beiden Seiten. Unseren Familien sitzen Erlebnisse mit plötzlich aufgetauchten Wessi-Führungskräften im Nacken, die ihnen nicht selten wie dummen Kindern die Welt erklären wollten und sich für die Menschen und ihre Erfahrungen nicht interessierten. Auf der anderen Seite das Bild vom rechten Jammer-Ossi. Ein Nachbar bedachte uns einmal mit diesem Kompliment: »Die Ossis haben ja oft eine große Klappe und nichts dahinter, aber ihr seid echt okay.« Als wir ihm offenbarten, dass genau das doch unser Vorurteil gegen die Wessis war, konnten wir zusammen darüber lachen. So banal sie sein mögen: Solche Alltagsgespräche führen uns näher zueinander. Zuhören, Erfahrungen teilen, sich kennenlernen. Das können wir alle tun, jeden Tag.

Meine Kinder sind heute 20 und 23 Jahre alt und haben ihr gesamtes Leben in Bayern verbracht. Durch die Familie ist eine persönliche Verbindung zum Osten da. Aber welche Bedeutung hat das Thema in ihrer Generation heute noch? Das habe ich neulich meinen Sohn gefragt. Seine Antwort: gar keine. Im Zweifel wüsste man nicht mal, ob eine Stadt in Ost oder West läge. Diese oft emotional aufgeheizte Ost-West-Debatte, die wir erleben, hat ein Ablaufdatum, und zum Glück scheint es nicht fern.

Denke ich an Ostdeutschland, dann denke ich an Aufstiegsgeschichten. Ich denke daran, dass sich innerhalb einer Generation alles ändern kann. An Menschen, die wie Simona in die

Welt gegangen und sich Leben erarbeitet haben, von denen ihre Eltern nur träumen konnten. Ich denke an den Osten als Raum von Möglichkeiten, die jetzt erkannt werden. Seit 2017 ziehen mehr Menschen von West nach Ost als umgekehrt. Alle Faktoren, in denen der Osten heute noch hinterherhinkt, haben auf der anderen Seite enormes Potenzial für Menschen, die gestalten wollen. Zugegeben, das »Gemeinschaftswerk Aufschwung Ost« braucht länger als erwartet. Es bleibt viel zu tun im Hinblick auf wirtschaftliche Bedingungen, angemessene Repräsentation und gleiche Lebenschancen. Deshalb sind Lebenserfahrungen, wie sie Simona uns hier nachzulesen gibt, von so großer Bedeutung. Sie zeigen die Möglichkeit von alternativen Wegen und Denkweisen, von anderen Perspektiven, die bisher viel zu wenig Beachtung bekamen.

Viele solcher Geschichten müssen noch erzählt werden. Ich bin aber jetzt schon voller Zuversicht. Ich sehe eine vierte Generation Ost, die mit Selbstbewusstsein auf ihre Herkunft blickt, Kraft aus der Lebensleistung ihrer Eltern und Großeltern schöpft und ein neues vereintes Deutschland positiv mitgestaltet.

Isabelle Hoyer
Juni 2024

KAPITEL 1

GENERATION WENDEKINDER: WER BIN ICH UND WAS WILL ICH?

»I have a dream.«

Martin Luther King

Zeit für einen Nachmittagssnack: Während ich den selbstgemachten Tunfischsalat esse, scrolle ich wie meistens durch meinen LinkedIn Feed. Ich stoße auf einen Beitrag von Dr. Wiebke Ankersen, die zu meinen weiblichen Vorbildern gehört, weil sie sich als Geschäftsführerin der AllBright Stiftung für Vielfalt und Chancengleichheit einsetzt und das Thema in der Unternehmenswelt lanciert. Ankersen bezieht sich auf einen Artikel aus dem *Handelsblatt*, der sich der Frage widmete: »Wer gilt heute als vorstandstauglich – und wer nicht?« Demnach hat sich die in DAX-Unternehmen für Vorstandsmitglieder angelegte »Rekrutierungsschablone« seit Jahrzehnten kaum geändert. Zwar weise die »Internationalisierung der Vorstände« eine Tendenz nach oben aus, desgleichen steige der Frauenanteil zwar langsam, so doch kontinuierlich an. *Aber*: »Durchs Raster fallen weiterhin vor allem Deutsche mit Einwanderungsgeschichte und Ostdeutsche.«[1] Wirklich? Immer noch? Dieselben Ausschlusskriterien, dieselben Auswahlmechanismen, dieselben Hürden, die sich mir von Beginn meiner Karriere an in den Weg stellten?

Nein, der zitierte Artikel im *Handelsblatt* ist nicht zur Abschreckung aus den hintersten Archivwinkeln gezogen worden. Nachzulesen ist er in der Ausgabe vom 7. Februar 2024.[2] Wir befinden uns im 34. Jahr nach der Wende, leben zwar in einer Welt voller Veränderung, Unbeständigkeit und Komplexität, halten aber immer noch am Bild des »typischen Vorstands« fest. Wie kann das sein? Welche Vorteile und welchen Nutzen bietet es für Wirtschaft und Unternehmen? Bietet es überhaupt etwas Positives, oder muss man nicht vom genauen Gegenteil ausgehen, dass wir nämlich für die Menge an komplexen Problemen und Polykrisen, die unsere Zeit aufweist, gerade größtmögliche Diversität und heterogene Perspektiven brauchen, um erfolgreiche und nachhaltige Lösungsansätze entwickeln zu können? Die Studie »The Mix That Matters. Innovation through Diversity« der Boston Consulting Group und TU München kam schon 2017 zu einem vielsagenden Ergebnis: Perspektivenvielfalt macht Unternehmen innovativer und kann eine Umsatzsteigerung von bis zu 19 Prozent bedeuten.[3] Können wir es uns angesichts solcher Resultate überhaupt noch erlauben, einen nachweislich die Wettbewerbsfähigkeit stärkenden Faktor einfach zu ignorieren? Vorurteile und überkommene Denkweisen zu pflegen, die sich nicht nur für die Wirtschaft, sondern für die gesamte Gesellschaft als Nachteile herausstellen? Ich denke, der gesunde Menschenverstand reicht aus, rasch die Antwort zu finden.

Ich stelle meine Salatschüssel beiseite und mache mich auf den Weg zu meinem Kiosk um die Ecke. Zum Glück bekomme ich noch ein Exemplar besagter *Handelsblatt*-Ausgabe, jogge damit nach Hause, gieße mir ein Glas meines Lieblings-Chardonnays ein und setze mich neben meine purrende Katze auf die Couch. Sofort sticht mir die »Aufstiegsformel« für Vorstände ins Auge, die sich, wie zu lesen ist, aus einer Datenanalyse basierend auf Lebensläufen von DAX-Vorständen und Gesprächen mit Aufsichtsräten und Headhuntern ergibt. Wer möchte sie nicht kennen – die Formel, die zum Erfolg, zum Aufstieg ins Top-Management eines DAX-Konzerns führt? Bei dem Wort »Formel« denke ich sofort an Mathematik und mir fällt das vor einer Ewigkeit gelesene Buch von Ian Stewart wieder ein: *Welt-Formeln. 17 mathematische Gleichungen, die Ge-*

schichte machten.[4] Dort ist von zwei Arten von Gleichungen die Rede, und die »Erfolgsformel« für Vorstände scheint mir zu Gleichungstyp 2 zu gehören, der nach Stewart »Informationen über eine unbekannte Größe« liefert und damit den Mathematiker vor die Aufgabe stellt, »die Gleichung zu lösen, um das Unbekannte bekannt zu machen«.[5] Ich fühle mich wie in der Mathevorlesung und beginne die aufgelisteten »Faktoren« der Erfolgsformel, um Vorstand zu werden, nachzulesen, als da wären: Bildung, Berufsstationen, Auslandserfahrung, Netzwerke, Diversität (in Grenzen!) und – so wäre mit Thomas Sauerteig, Vorstand von SAP, zu ergänzen – »ein Quäntchen Glück«. Am Ende muss ich Wiebke Ankersens Fazit daraus zustimmen: Es ist nicht wirklich viel, was sich am altbekannten Status quo geändert hat. Der Artikel selbst findet abschließend zu einer zukunftsfähigen These: »Die Strategien, die die Wirtschaftslenker von heute nach oben gebracht haben, sind wahrscheinlich nicht die, die für die Chefs von morgen gelten.«[6] Immerhin! Es ist auch sehr zu hoffen, denn alles andere wäre schlicht ökonomischer Wahnsinn. Aber wie dorthin kommen? Vorschlag: Indem zum Beispiel Menschen aus dem Osten Deutschlands nicht mehr mit negativen Stereotypen behaftet werden? Und dass stattdessen das Potenzial der Wendekinder in den Vordergrund gerückt wird?

Zu Wendezeiten lebten etwa 2,5 Millionen Kinder im Alter von fünf bis 15 Jahren in der ehemaligen DDR.[7] Diese Generation zählt zu den wenigen, die einen kompletten Systemwandel durchlebt, also zwei unterschiedliche Systeme erlebt haben und davon in ihrer Entwicklung stark geprägt wurden. In kürzester Zeit mussten Wendekinder alles, womit sie aufgewachsen waren und was sie bis dahin kannten, ablegen und sich in ein vollkommen neues gesellschaftliches Werte- und Normensystem einfügen. Diejenigen, die im Teenageralter waren, mussten sich nebenbei noch um ihr Hormonchaos kümmern und oft noch um ihre arbeitslos gewordenen Eltern – was etwa über 80 Prozent der Erwerbstätigen im Land betraf. Auch ihnen galt es Halt und Orientierung zu geben in dieser Zeit des allgemeinen Identitätsverlustes.[8] Dieser völligen Überforderung mussten sich Wendekinder stellen, ohne dabei Hilfestellung oder Unterstützung von außen erwarten zu dürfen – weit und breit keine Lehrer oder Jugendbeauftragte, Politiker oder sonstige Orientierung bietende Personen. Sind es nicht genau Eigenschaften von Systemwandlern, also auch Wendekindern, die gebraucht werden für die Bewältigung der durch Klimakrise, geopolitische Spannungen, international herausfordernde Märkte und Digitalisierung erzwungenen Riesentransformationen? Bestehendes und Vertrautes loszulassen, offen zu sein für Neues und Innovationen, sich Resilienz und mentale Stärke anzueignen, Mut zu Entscheidungen aufzubringen und ohne Gewissheiten und Sicherheiten leben zu können? Wendekinder wie auch sozial arrivierte Menschen mit Migrationsgeschichte zeichnen sich durch ebensolche Fähigkeiten aus. Ist das nicht die Art von Kompetenzen und Leadership, die wir in unserer Welt für eine nachhaltige Zukunft brauchen? Ich weiß, was Wendekinder durchgemacht und welche Fähigkeiten sie dennoch oder gerade deswegen ausgebildet haben, denn ich gehöre zu ihnen. Und als Wendekind bin dankbar dafür, wie diese Zeit mich als Mensch geprägt und welche Führungsqualitäten sie mir auf meinen Weg mitgegeben hat.

ALS WENDEKIND BIN ICH DANKBAR FÜR DIESE ZEIT, DIE MICH ALS MENSCH GEPRÄGT UND MIR FÜHRUNGSQUALITÄTEN AUF DEN WEG MITGEGEBEN HAT.

Es war ein kalter Abend, der Wind peitschte den Regen gegen die tristen Hauswände, mein Bruder und ich saßen mit unserer Mutter gemütlich beim Mensch-ärgere-Dich-nicht-Spiel. Kaum hörten wir das Drehen des Schlüssels im Schloss, waren wir Kinder auch schon zur Wohnungstür gerannt, um unseren Vater liebevoll zu umarmen. Wie immer hatte er uns auch dieses Mal von seiner Geschäftsreise ins Ausland ein Geschenk mitgebracht. Für mich war es eine ganz besondere Überraschung: meine erste Barbie. Sie trug einen pinkfarbenen Anzug im Stil der 1980er-Jahre und passende High Heels, in der Hand hielt sie eine Aktentasche. So ein perfektes Etwas hatte ich noch nie gesehen, fragte mich aber, ob und wo es solche Frauen wohl geben mag. In unserer Plattenbausiedlung jedenfalls war ich noch nie einer derartigen Frau begegnet. Ausgerechnet eine Barbie in Pink sollte also meine Vorstellungen und Träume von meinem späteren Ich anregen. Nie werde ich vergessen, wie ich meine Eltern fragte, ob ich wohl eines Tages auch so sein könne wie diese Barbie. Ob nun wie Barbie oder nicht, mein Vater bestärkte jedenfalls meine kindliche Zielstrebigkeit, indem er wiederholte, was er uns Kindern immer wieder sagte: dass wir alles im Leben erreichen könnten, was wir nur wollten, wenn wir nur immer an uns glaubten und nie aufgeben würden. Und fügte hinzu, dass ich vielleicht eines Tages sogar ein Vorbild für andere sein könnte. Ich war zehn Jahre alt und hatte keine Ahnung, wie sehr diese Worte meines Vaters mein Leben auch nach seinem Tod beeinflussen sollten. Dass es mir gelingen sollte, im Alter von 45 Jahren Vorständin einer der weltweit größten Banken in Frankfurt am Main zu werden, hätte sich damals niemand vorstellen können und lag völlig jenseits meiner Vorstellungskraft als Zehnjährige.

Meine Geschichte hat unter dem grauen Schatten des Kalten Krieges begonnen. Inmitten der geteilten Stadt Berlin lebten wir in einer winzig kleinen Einraumwohnung im 13. Stock eines für jene Zeit so typischen Plattenbaus: ein gewaltiger Betonklotz mit trostlosem Eingangsbereich und ebensolchen Treppenhäusern, immerhin einem Aufzug, der allerdings nicht besonders zuverlässig war, und langen, dunklen Gängen, die wie die endlosen Wege eines gigantischen Krankenhauses wirkten, in dem ständig der Geruch von Angebranntem und Putzmitteln hing. Im Vergleich zu der abweisenden Kälte dieses Funktionsbaus gestaltete sich das Leben darin als geradezu buntes Miteinander: Man kannte sich – Erwachsene ebenso wie natürlich Kinder –, half sich gegenseitig, wo und wie es ging, lebte irgendwie zusammen, fast wie in einer großen Familie. Eltern fanden ihren Halt in dieser Art von Gemeinschaft und konnten ihren Kleinen so eine unbeschwerte Kindheit bieten – trotz der knappen Mittel, politischen Spannungen und, ja, auch familiären Trennungen.

Unsere Wohnung war viel zu klein für eine vierköpfige Familie, dafür aber – auch typisch für Ostberlin – sehr praktisch geschnitten.: Es gab eine winzige Küche, ein boxenartiges Badezimmer und einen 30 Quadratmeter großen Multifunktionsraum: Wohnzimmer, Esszimmer, Spielzimmer und Schlafzimmer in einem. Ein Fenster mit Blick auf den Innenhof der gegenüberliegenden »Platte« sorgte zwar für Tageslicht, bot aber keine wirklich erbauliche Aussicht. Es gab keinen Luxus, keine besonderen Annehmlichkeiten, aber es war unser Zuhause – und eben Ausdruck von Knappheit an Ressourcen und Mangel an Wohnraum in dieser Zeit. Und doch habe ich mir trotz der Enge der Wohnung und knapper finanzieller Mittel viele positive Erinnerungen an diese Jahre bewahrt, an die von Liebe, Geborgenheit und Zufriedenheit geprägte Familienatmosphäre, die rückblickend betrachtet ausschließlich das Verdienst meiner Eltern war. Als ich das erste Mal von meinem Vorstandsbüro in der Großbank aus auf eines der umliegenden Mehrfamilienhäuser blickte, kam mir dieses Leben im Ostberliner Plattenbau wieder in den Sinn. Auf den Balkonen und durch die Fenster sah ich Menschen verschiedenster Nationalitäten, die ihrem Alltag nachgingen und sich in vielem sicher auch zu arrangieren hatten. Inzwischen hatte ich mich mit dem, was ich mir erarbeitet habe, weit entfernt von dieser Art Leben, die einmal meine Vergangenheit war, hatte es als eine von wenigen tatsächlich geschafft, ganz nach oben zu kommen. In einer Welt, in der laut Elitenmonitor der Universität Leipzig nur gut vier Prozent aller Führungskräfte in der Wirtschaft aus Ostdeutschland stammen, zähle ich heute zu dieser Elite.[9] Warum spielen wir, die Ostdeutschen, in so vieler Hinsicht immer noch die Rolle von Ausnahmen, nach so langer Zeit seit dem Mauerfall? Wenigstens gebe es mittlerweile endlich ein Bewusstsein für dieses Thema, meint eine Freundin, die als eine der wenigen hochrangigen Geschäftsführerinnen westdeutscher Herkunft ist – hoch an der Zeit wäre es jedenfalls.

Eines Tages entdeckte ich in unserem Haus einen halbwegs nutzbaren Kellerraum und beschloss, dort meinen »geheimen Klub« einzurichten. Ich überredete die Nachbarskinder, Mitglied in diesem Klub zu werden und alte Decken, Kissen und Taschenlampen zu organisieren. Bestens ausgestattet verbrachten wir Stunden in diesem Keller, erzählten uns Geschichten, spielten Rollenspiele und schmiedeten abenteuerliche Pläne. Anders als heute standen wir Kinder nicht ständig unter elterlicher Kontrolle und konnten uns die Zeit dort, besonders wenn es draußen kalt war, ungestört vertreiben, ohne dass sich auch nur ein Elternteil besorgt auf die Suche gemacht hätte. Dieser Kellerraum wurde unser Zufluchtsort, zu dem kein Erwachsener Zutritt hatte, dort waren wir unter uns und konnten unseren kindlichen Fantasien in einer Traumwelt freien Lauf lassen. Jeder konnte sein, was er oder sie wollte, auch meine allererste »Führungsposition« in dieser Kindertraumwelt kannte keine Grenzen. Es gab genug zu essen, es gab jede Menge Spielzeug, wir fanden imaginäre Schätze und malten uns aus, wie wir damit die Welt da draußen, so wie wir sie uns eben vorstellten, bereisen würden. Ohne zu romantisieren kann ich sagen, dass ich eine für mich wirklich freie Kindheit erleben durfte, an die ich sehr gern zurückdenke und die ich mir Kindern von heute, denen diese Art von Freiheit vielfach nicht mehr ermöglicht wird, wünschen würde.

Als ich zum ersten Mal als schon erfahrene Führungskraft vor mein neues Team trat, stellte ich mich den Mitarbeitern vor und sprach von meiner Vision für unsere Abteilung, die die Strategie unserer Gruppe insgesamt unterstützen sollte. Nachdem ich meine Ideen, Ziele und den Weg zur Umsetzung der Vision erläutert hatte, fragte ich das Team nach seiner Einschätzung, Fragen, Schwierigkeiten oder Problemen, die sich für sie daraus womöglich ergaben. Plötzliche Stille und nur noch erstaunte Gesichter. Endlich meldete sich ein Mitarbeiter zu Wort: Noch nie seien sie von einer Führungskraft aufgefordert worden, Kritik an der vorgetragenen Strategie und Vision zu äußern. Daraufhin erzählte ich ihnen von meinem geheimen Klub aus der Kindheit, davon, dass wir über unsere Ziele und Pläne die angeregtesten Diskussionen geführt hatten, und zwar so lange, bis jeder und jede seine beziehungsweise ihre Sicht der Dinge geäußert und wir so zu einer Art »Gesamtbild« gefunden hatten. Ich sprach von Gemeinschaftssinn und meiner Überzeugung, dass wir im Team stärker und erfolgreicher sein werden, als ich es als Individuum sein kann. Gerade in unserer heutigen Welt des Wandels, mit vielen neuen Technologien und ebenso vielen herausfordernden Marktbedingungen sei es sehr wichtig, erklärte ich weiter, dass sich alle einbringen, denn nur die Vielfalt werde unsere Wettbewerbsfähigkeit erhalten können. Nach einem erneuten Moment des Schweigens meldete sich ein Mitarbeiter, dann eine zweite Mitarbeiterin und nach und nach alle anderen mit Hinweisen für Ergänzungen, Vorschlägen für neue Wege und kritischen Einwänden zu bisherigen Konventionen. Die guten Ideen sprudelten nur so heraus, und das gesamte Team war mit viel Motivation, Kreativität und Einfallsreichtum dabei, Lösungen zu finden, die uns strategisch voranbringen würden. In diesem

Moment erst verstand ich selbst, wie sehr meine Kindheit im Plattenbau und meine Erziehung im Sinne der Gemeinschaft meinen Führungsstil mithervorgebracht haben. Der im Übrigen auch meine damalige Führungskraft sehr überzeugte und zu der bekräftigenden Aufforderung veranlasste, meine Authentizität nie zu verlieren. Dass es aber einen gewaltigen Unterschied zwischen Führung und Führung gibt, nämlich der im mittleren Management und der als Vorstandsmitglied, wusste ich damals noch nicht beziehungsweise konnte es noch nicht wissen.

ERST SPÄT VERSTAND ICH, WIE SEHR MEINE KINDHEIT IM PLATTENBAU UND MEINE ERZIEHUNG IM SINNE DER GEMEINSCHAFT MEINEN FÜHRUNGSSTIL MIT HERVORGEBRACHT HABEN.

Meine Eltern waren beide in Vollzeit berufstätig und schienen mir generell als Paar gleichberechtigt zu sein. Ich kannte es gar nicht, dass ein Elternteil für Kinder und Haushalt zu Hause bleibt, während der andere für die finanzielle Versorgung aufkommt. Im Osten arbeitete die große Mehrheit der Frauen – Omas, Tanten und Mütter –, für mich also das Normalste von der Welt, eines Tages auch berufstätig zu sein und mein eigenes Geld zu verdienen. Meine Mutter war Apothekerin, mein Vater war Ingenieur und musste dafür vielfach ins sozialistische Ausland reisen. Unsere freien Nachmittage verbrachten mein Bruder und ich mit Nachbarskindern, und nach dem Abendbrot spielten wir in der Familie oft Gesellschaftsspiele. Mein absolutes Lieblingsspiel war »Monopoly«. Die US-Version des Spiels hatte mein Vater irgendwann als Geschenk von einem seiner ausländischen Geschäftspartner erhalten – für mich die Gelegenheit, erste spielerische Erfahrungen in einer imaginären Geschäfts- und Finanzwelt zu machen.

Das Spiel begann immer fröhlich, bis es für mich ernst wurde und ich mit meiner geliebten Autospielfigur anfing, mein Immobilienportfolio aufzubauen. Dafür kaufte ich regelmäßig Häuser auf dem superteuren »Boardwalk« und »Park Place« und genoss es damals schon, die als Mietzahlung eingeheimsten Spielgeldscheine in meinen Händen zu halten. Irgendwann wurden die Spielrunden zu Verhandlungsrunden – für mich die Lieblingsphase, für die anderen ärgerlich bis bedrohlich: Konnte die Miete nicht bezahlt werden, folgten Strafen oder immer größerer finanzieller Verlust. Lernen fürs Leben? Ich jedenfalls war sehr ehrgeizig – und eine schlechte Verliererin. Die Worte meines Vaters, niemals aufzugeben, stachelten mich nur an und ließen mich bis zur letzten Sekunde kämpfen. Im Bett vor dem Einschlafen versuchte ich mir hin und wieder eine »Monopoly«-Welt »in echt« vorzustellen und wie es wäre, dazuzugehören. Mein Vater sprach ja häufig genug davon, dass man durch harte Arbeit alles erreichen kann. Wie wichtig solide finanzielle Bildung im Leben ist, habe ich natürlich erst sehr viel später begriffen.

Tatsächlich erwarb ich meine erste reale Immobilie im Alter von 42 Jahren. Warum so spät? Vor allem Freunde aus dem

Westen stellten mir oft diese Frage. In Immobilien zu investieren, dazu brachte ich lange den Mut nicht auf, pflegte zudem bestimmte Glaubenssätze und Vorurteile und, noch wichtiger, fehlte es mir schlicht an Wissen und Erfahrung. Ich fürchtete mich davor, Geld zu verlieren, vor den Unwägbarkeiten des Immobilienmarktes und den Herausforderungen, die mit dem Besitz und der Verwaltung von Immobilien einhergehen. Eines Tages traf ich durch Zufall eine erfolgreiche Immobilieninvestorin, jünger als ich. Ich stellte ihr tausend Fragen und lernte sehr viel durch das, was sie zu berichten hatte, durch die Schilderung ihrer Erfahrungen und der Herausforderungen, denen sie sich zu stellen hatte. Sie sprach von Rückschlägen und Fehlern, aber auch von den Lehren, die sie daraus gezogen hatte und die sie zu einer stärkeren und selbstbewussteren Investorin gemacht hatten. Das war der Anstoß, meine diesbezüglichen bisherigen Einstellungen ernsthaft zu überdenken. Meine Eltern besaßen damals keine Wohnung, auch hatten sie nie Kredite zu bedienen. Ich war mit der Vorstellung aufgewachsen, dass man sich nur dann etwas leisten und kaufen kann, wenn man genügend Geld auf dem Konto hat. Und ich hatte nie so viel Geld auf meinem Konto, um damit eine Immobilie vollständig zu finanzieren. Allmählich aber dämmerte mir, dass ich immer noch, so alt wie ich inzwischen geworden war, früh verankerte Glaubenssätze in meinem Kopf hatte, mit denen zu brechen es hoch an der Zeit war, weil sie mein Denken, Fühlen und Handeln gewaltig einschränkten. Ich wollte mir ein neues Bewusstsein schaffen und mich selbst davon überzeugen, dass Immobilien zu meiner privaten Altersvorsorge gehören sollten. Als ich die Differenz zwischen meiner damaligen Miete und einer möglichen Kreditrate sowie anderen anfallenden Kosten kalkuliert hatte, musste ich mir eingestehen, dass sich meine tief verwurzelten Überzeugungen extrem negativ auf meine finanzielle Situation ausgewirkt hatten, ich durch sie Chancen verpasst hatte. Diese Erkenntnis war Motivation genug, Änderungen einzuleiten. Die erwähnte Immobilieninvestorin sprach mir nicht nur Mut zu, sie zeigte mir am konkreten Beispiel, wie widersinnig diese negativen Glaubenssätze waren, sie erweiterte meine Perspektive und motivierte mich, Immobilien zu recherchieren, mit Banken über die Finanzierung zu verhandeln und ein Handwerker-Netzwerk aufzubauen. Allmählich wurde mir die enorme Bedeutung von Immobilieneigentum für die Altersvorsorge klar. Um so mehr freut es mich heute, dass es nun auch Plattformen wie den Happy Immo Club und viele andere gibt, die für den Weg zu einem Immobilienkauf kompetente Unterstützung und Beratung anbieten. Denn auch wenn im Osten mittlerweile ein dem Westen annähernd äquivalentes staatliches Rentenniveau erreicht ist, sind immer noch erhebliche Einkommensunterschiede vor allem aufgrund von Immobilieneinkommen feststellbar. Es dauerte rund sechs Monate, bis der Kauf meiner ersten Immobilie in einer Kleinstadt perfekt war – deren Lage und Umgebung erinnerten mich sehr an unsere früheren Familienausflüge aufs Land.

Meine Eltern fuhren mit uns fast jedes Wochenende in die Natur – in unserem schokofarbenen Lada mit hellbraunen Sitzen. Man hatte damals die Wahl zwischen Trabant, Wartburg, Moskwitsch – und eben Lada. Ich liebte unsere Autofahrten, stellte mir vor, wie ich eines Tages meinen eigenen

Lada fahren würde. Mein Bruder und ich wollten immer, dass unser Vater schnell fährt und andere Autos überholt. Schnell fahren mit einem Lada ist nun sehr relativ, dennoch hatten wir jedes Mal die höchsten Glücksgefühle, sobald wieder ein Auto überholt war. Ausflugsziele waren die Wälder und Seen im Speckgürtel Ostberlins, und nach dem Spaziergang ging es in die Eisdiele oder ein Café. Während dieser Autofahrten spielten wir immer und immer wieder »Stadt, Land, Fluss«, und ich weiß, dass diese Spiele den Grund legten oder schon die ersten Anzeichen waren für meine spätere unstillbare Reiselust – der ich nicht nur Urlaubsaufenthalte in aller Welt verdanke, sondern auch meine beruflichen Auslandserfahrungen.

Alle Familien um uns herum hatten einen Hund, nur wir nicht – so jedenfalls sahen es mein Bruder und ich. Also taten wir, was Kinder tun, um ihren Wunsch nach einem Haustier erfüllt zu bekommen. Es sollte unbedingt ein Deutscher Schäferhund sein, meine Mutter war kategorisch dagegen. Ihr war natürlich klar, dass ein Welpe für sie bedeutete, ein »drittes Kind« versorgen zu müssen. Wir versprachen hoch und heilig, uns immer um den Hund zu kümmern, und tatsächlich erschien unser Vater eines Tages mit einem süßen Winzling von Schäferhund. Nun waren wir also zu fünft in der Wohnung, aber uns Kinder störte das nicht. Wir liebten unser neues Familienmitglied Rico heiß und innig und wollten unentwegt mit ihm kuscheln. Wie jeder Junghund hat natürlich auch Rico Zeit gebraucht, bis er verstanden hatte, dass er sich melden muss, wenn eins seiner Geschäfte ansteht, die eben draußen – und nur draußen – zu verrichten sind. Meine arme Mama, die anfangs ständig hinterherputzen musste, hat sich nie darüber beschwert, weil sie wusste, wie glücklich Rico uns Kinder machte. Auch hat sie sich nie beschwert, als mein Bruder und ich doch irgendwann aufhörten, dreimal täglich mit ihm Gassi zu gehen. Unsere Mutter musste sich wegen der vielen Reisen meines Vaters neben ihrem Vollzeitjob meistens allein um uns Kinder kümmern und hatte nun mit Rico eine zusätzliche Aufgabe bekommen. Es war sicher nicht leicht für sie, einen immer größer werdenden Schäferhund, der sehr viel Auslauf braucht, in einer engen Wohnung mitzuversorgen. Bis heute frage ich mich, wie sie das alles, die Familie, ihre Arbeit, ihr soziales Leben und den Hund, gemeistert hat – und das, ohne sich auch nur ein einziges Mal zu beklagen. Meine Mutter ist für mich die stärkste und pragmatischste Frau, die ich kenne, ihre Stärke und ihr Pragmatismus haben maßgeblichen Anteil daran, dass ich die Führungskraft geworden bin, die ich heute bin. Auch heute noch halte ich mich an ihre persönliche Drei-Minuten-Weisheit: Erlaube dir zu jammern und dich selbst zu bemitleiden, aber immer nur drei Minuten lang, und sobald die drei Minuten um sind, fange an, lösungsorientiert zu handeln.

DIE STÄRKE UND DER PRAGMATISMUS MEINER MUTTER HABEN EINEN MASSGEBLICHEN ANTEIL DARAN, DASS ICH DIE FÜHRUNGSKRAFT GEWORDEN BIN, DIE ICH HEUTE BIN.

Und plötzlich war Rico eines Tages nicht mehr da. Mein Bruder und ich kamen wie immer nach Hause und mussten von unseren Eltern hören, dass Angehörige der Grenztruppen gekommen seien und darum gebeten hätten, Rico für den Einsatz im Grenzschutz mitnehmen zu dürfen. Wir waren unendlich traurig, weinten bis tief in die Nacht hinein. Wir vermissten Rico sehr, aber zu wissen, dass er hilft, uns vor dem »Feind« zu schützen, machte unsere Trauer ein klein wenig leichter. Und dennoch dauerte es eine ganze Weile, bis wir diesen Verlust einigermaßen verarbeitet hatten. Erst viele Jahre später erfuhren wir, dass Rico unheilbar krank gewesen war und eingeschläfert werden musste. Um uns in so jungen Jahren vor einer derart traumatischen Erfahrung zu schützen, hatte sich meine Mama die Geschichte mit dem Grenzschutz ausgedacht. So befremdlich diese Inszenierung im Nachhinein wirken mag, wir Kinder, die wir von klein an auf Staatsloyalität getrimmt wurden, nahmen sie als einen glaubhaften und irgendwie sogar »legitimen« Eingriff des Staates ins Privateste wahr. Die überzeugende Wirkung ihrer Geschichte zeigte immerhin auch, dass meine Mutter das Zeug zu einer brillanten Vertrieblerin hatte, ein Talent, das sie offensichtlich an mich weitergegeben hat.

In strategisches Denken wurde ich hingegen von meinem Opa eingeführt. Er war ein passionierter Schachspieler und brachte mir die Grundlagen des Spiels einmal in den Sommerferien bei. Ich erinnere mich, dass wir nebenbei fast immer eine seiner vielen Schallplatten mit klassischer Musik hörten. Er hatte ein traditionelles Schachbrett mit sehr schönen detailreich gearbeiteten Holzfiguren. Ich liebte den Geruch des

Brettes und der Spielfiguren, den ich vor jedem Spiel aufs Neue intensiv aufnahm. Es war eine ruhige, beinahe magische Atmosphäre, in der mein Opa und ich spielten, besonders wenn Rachmaninoffs Klavierklänge im Hintergrund zu hören waren. Am liebsten mochte ich die Dame und die Idee, dass sie die machtvollste Spielfigur auf dem Brett war, denn nur sie kann horizontal, vertikal und diagonal ziehen. Wie oft ich gegen meinen Opa verloren habe, bis ich es endlich einmal schaffte, ihn zu besiegen – ich kann es nicht mehr sagen. Dieser erste Sieg machte mich überglücklich, ließ mich vor Freude vom Stuhl aufspringen und jubeln, so viel bedeutete er mir. Mein Opa lächelte und fing in seiner ruhigen Art an, das Leben mit einem Schachspiel zu vergleichen. Je vorausschauender man seine Züge plane, desto erfolgreicher werde man sein, erklärte er mir, man lerne schon drei, vier Züge im Voraus die Strategie des Gegenübers zu verstehen. Und das gelte im Prinzip auch fürs Leben. Aufmerksam zu sein, zu analysieren und scharf zu beobachten helfe, um dahin zu kommen, wohin man möchte. Ich war damals viel zu jung, um zu verstehen, was er damit meinte. Für mich war Schach nur ein Spiel, das ich mit meinem Opa unbeschwert in den Sommerferien spielen konnte. Irgendwann später einmal fand ich heraus, dass er mich damals absichtlich hat gewinnen lassen, um mich genau das zu lehren. Das Spiel und seine Worte blieben mir in fester Erinnerung. Wie wichtig vorrausschauendes Denken ist, zeigen die derzeitige Situation im Osten Deutschlands und die Ratlosigkeit und das Unverständnis darüber im Westen. Mehr als 30 Jahre nach der Wende scheint die Mauer in den Köpfen vieler Menschen stärker zu sein als die echte Berliner Mauer.

»Haben wir wirklich alle im selben Land gelebt?« Diese Frage stellt sich Jessy Wellmer in ihrem Buch *Die neue Entfremdung*.[10] Auch ich frage mich das, wenn ich heute mit Menschen aus dem Osten und mit Menschen aus dem Westen spreche. Zumindest was die Kindheit anbelangt, scheint es so etwas wie vergleichbare Erinnerungen zu geben.

> DER PLATTENBAU UND DIE GEMEINSCHAFT WURDEN MEINE LEHRER: SIE BOTEN SCHUTZ UND VIEL GELEGENHEIT, WICHTIGE LEKTIONEN FÜRS LEBEN ZU LERNEN.

Ich sitze mit einer guten Freundin im Café und wir sprechen über die schönen Winter früher in Ostberlin. Damals gab es noch vier Jahreszeiten, also auch einen »richtigen« Winter mit viel Schnee, der die Berliner Straßen dick bedeckte. Wir Kinder klebten an den Fenstern und konnten unser Glück kaum fassen. Schnee! Endlich gab es genug Schnee, um Schlitten zu fahren. Bald strömten ganze Scharen von Kindern, die ihre Schlitten hinter sich herzogen, in die Straßen und Parks. Auf jeder noch so kleinen Anhöhe versammelten sie sich zu kleinen Gruppen, um eine nach der anderen hinunterzusausen auf den oft selbst gebauten Holzschlitten. Es waren Tage voller Lachen, Spaß und Freude, an denen wir Kinder die Strapazen des Ostberliner Winters, die wir eben auch miterleben mussten, vergessen und nur die Schönheit dieses magischen Winterwunderlands genießen konnten. Schlittenrennen, Schneeballschlachten, Schneemänner – das waren unvergessliche Erlebnisse für wohl die meisten der Ostberliner Kinder, deren Lebensfreude und Gemeinschaftssinn durch noch so schwierige Zeiten nicht gebrochen werden konnten.

Als Heranwachsende lernte ich, mit wenig auszukommen, mit viel Kreativität die alltäglichen Probleme zu lösen. Ich spürte keinen Mangel, ich kannte es einfach nicht anders. Ich lernte, was mein Vater mir aufgab zu lernen: niemals aufzugeben. Durch die Liebe und Geborgenheit, die meine Eltern uns schenkten, das Selbstvertrauen, das sie in uns stärkten, und durch ihre beständige Ermutigung lernte ich, den Glauben an die eigenen Träume nie aufzugeben und die Kraft aufzubringen, dafür einzustehen und hart zu arbeiten. Der Plattenbau und die Gemeinschaft wurden meine Lehrer: Sie gaben einerseits Schutz und andererseits viel Gelegenheit, wichtige Lektionen fürs Leben zu lernen. Und das ist Heimat für mich. Ein Leben unter den repressiven Bedingungen einer Diktatur zu führen hieß für die Erwachsenen, den Umgang mit gelinde gesagt erheblichen und vielfältigen Einschränkungen zu perfektionieren. Umso mehr wiegt für mich das Bemühen meiner Eltern und Großeltern, uns eine sehr schöne und glückliche Kindheit zu ermöglichen. Trotz begrenzter Mittel waren sie starke Vorbilder und lehrten mich, Lösungen für meine Ziele zu finden und vorausschauend zu denken. Ich wuchs in einer Umgebung auf, in der die Vereinbarkeit von Familie und Karriere eine Selbstverständlichkeit war, wie auch mit Veränderungen und Transformation umzugehen und diese positiv für die Zukunft einzusetzen. Ich blickte als Kind auf diese

Welt, in der mir bei aller äußeren Beschränkung und allen Widersprüchlichkeiten und Druckmitteln vorgelebt wurde, was echte gleichberechtigte Teilhabe ist und – damit einhergehend – was finanzielle Unabhängigkeit im Hinblick auf eigene Lebensentscheidungen bedeutet. Und ich weiß, dass ich diese Erfahrungen mit vielen ostdeutschen Frauen teile.

IN MIR WAR DIE ERFAHRUNG VERANKERT, DASS FAMILIE UND KARRIERE SELBSTVERSTÄNDLICH VEREINBAR, VERÄNDERUNG UND TRANSFORMATION ZU MEISTERN UND POSITIV FÜR DIE ZUKUNFT EINZUSETZEN SIND.

Ich lege den Zeitungsartikel zur Seite und denke über unsere gespaltene Gesellschaft nach. Ich frage mich, was aus der glücklichen Kindheit und unseren Träumen geworden ist. Wie viele Menschen bei uns können über sich und ihre Zukunft entscheiden? Wie viele fühlen sich in unserer Gesellschaft gleichwertig? Die Menschen aus dem Osten stellen einen Bevölkerungsanteil von circa 20 Prozent, warum aber spiegelt sich dieser Anteil nicht in der gesellschaftlichen Machtverteilung?[11] Mit welchen weiteren Konsequenzen ist zu rechnen, wenn in unserer Gesellschaft mehr und mehr Hoffnung auf extreme politische Richtungen gesetzt wird? Und die, die dies aufhalten wollen, was müssen sie tun, um solche Entwicklungen zu stoppen? Vielleicht sollten gerade wir, die wir eine gesellschaftliche Transformation erlebt haben, uns daran erinnern, wie es geht, Zukunft in die eigenen Hände zu nehmen, Entscheidungen mitzubestimmen und damit nicht nur unser Leben, sondern auch das kommender Generationen positiv zu beeinflussen. Das wäre die einzige, die richtige Botschaft.

Ich will aktiv meine Herkunft nach vorne stellen und ein Vorbild sein. Ich will, dass jede und jeder anfängt, mit ihrer beziehungsweise seiner ostdeutschen Herkunft selbstbewusst umzugehen und alle zusammen dadurch dieses »Stigma« endgültig beseitigen helfen. Denn ich stelle inzwischen fest, dass ich selbst wider besseres Wissen meine Herkunft in meiner Karriere viel zu wenig zum Thema gemacht habe – und ich möchte von nun an anders nach vorne blicken. Wir alle, die zur Minderheit ostdeutscher Eliten gehören, müssen dies tun, damit »ostdeutsche« Perspektiven und Erfahrungen überall in bedeutende Entscheidungen ganz selbstverständlich miteinfließen. Ich persönlich weise durch mein Geschlecht, meinen Migrationshintergrund und meine sexuelle Orientierung noch ein paar mehr Diversitätsdimensionen auf als nur die Zuschreibung »die aus dem Osten«: Ich möchte in jeder davon ein Vorbild sein. Wir alle müssen sichtbar werden und dafür sorgen, dass wir unsere Repräsentanz aktiv einfordern und eine neue Vorstandsformel kreieren – eine Vorstandsformel, die uns für die Zukunft rüstet; eine Vorstandsformel, die uns den Rücken in Europa und der Welt als Wirtschaftsmacht für Wettbewerbsfähigkeit stärkt; eine Vorstandsformel, in der Vielfalt vor Stallgeruch kommt und in der sich zeitgemäße Ansätze für inklusive Führung wiederfinden; eine Vorstandsformel, die auf einen Perspektivenwechsel und auf digitale Affinität setzt, in der Integrität, Empathie, Respekt und ein nachhaltiges Wertegerüst mehr zählen als Herkunft, Prestigebildung oder Vitamin B.

ICH MÖCHTE DURCH GESPRÄCHE UND TATEN BRÜCKEN BAUEN, DIE AUS DER RESIGNATION HINAUSFÜHREN, UND DABEI AUFZEIGEN, DASS ES SEHR WOHL MÖGLICH IST, DAS BESTE AUS ZWEI URSPRÜNGLICH SEHR UNTERSCHIEDLICHEN WELTEN ZU VEREINEN.

Es ist hoch an der Zeit, eine nachhaltige Vorstandsformel zu entwickeln, die für unsere Transformationsgesellschaft die besten Voraussetzungen und Kompetenzen bietet, um uns in eine gesunde und prosperierende Zukunft zu lenken. Wie wir das schaffen? Nur gemeinsam können wir den Herausforderungen unserer Zeit begegnen und mit den alten Machtstrukturen brechen. Und das hätte weitreichende Konsequenzen. Es würde endlich dafür sorgen, dass der Osten und der Westen Deutschlands wirtschaftlich gemeinsam und gleichwertig dazu beitragen, das ein neues vereintes, gerechtes und stabiles Deutschland entsteht. Wie lange noch wollen wir uns dieses große Potenzial als Gesellschaft entgehen lassen? Eine solche nachhaltige Vorstandsformel kann zu einem unserer stärksten Hebel werden, und alles, was wir dafür tun müssen, ist, uns einem echten Perspektivenwechsel zu stellen und mit neuen Ideen und Blickwinkeln in die Umsetzung zu starten. Und ich als Ostdeutsche will meinen Teil dazu beitragen und positiv nach vorn blicken.

Und so begann es – so begann *ich*. Ich ging meinen Weg voller Träume als junges Mädchen in der DDR, das mit der Wende einen radikalen Kulturwandel erlebte und lernte, sich in einer neuen Gesellschaft zurechtzufinden. Ich zog von Berlin nach London, startete voller Entschlossenheit und mit Durchhaltevermögen, musste zahlreiche Hindernisse überwinden, viele Fehler korrigieren und aus ihnen lernen, um ganz neue Wege zu gehen. Eines Tages kehrte ich zurück und stellte fest, dass es diesmal meine Heimat ist, die meine Unterstützung braucht. Ich bin Simona, ein Wendekind aus Ostberlin, das eines Tages den Plattenbau verlassen hatte, um für sich die weite Welt zu erobern, und das schließlich Vorständin in einem der global größten Finanzunternehmen wurde. Das ist meine Geschichte – und die will ich teilen und damit Menschen meiner sozialen Herkunft inspirieren und Denkanstöße geben. Wir brauchen viel mehr Führungskräfte ostdeutscher Herkunft, die unseren Osten mitnehmen und für ihn einstehen. Ich möchte keine Ausnahme oder Außenseiterin mehr in der Vorstandsetage sein. Ich möchte Gespräche und Taten initiieren, Brücken bauen, die aus der Resignation hinausführen mit dem Ziel, die gefühlte Machtlosigkeit zu durchbrechen, Innovation voranzutreiben und damit zu zeigen, dass es sehr wohl möglich ist, das Beste aus zwei ursprünglich sehr unterschiedlichen Welten zu vereinen und eine moderne, flexible und inklusive Bildung entstehen, eine zeitgemäße Art von Leadership zur

Norm werden zu lassen. Denn nur so können wir ein neues Deutschland schaffen, eine Zukunftsrepublik, die unsere demokratischen Werte für ein starkes vielfältiges Miteinander auch in Unternehmen lebt und eine einmalige Chance wahrnimmt, innovative Geschäftsmodelle zu entwickeln, um einen neuen starken Wirtschaftsstandort Deutschland Ost zu bilden. Und ein Deutschland, in dem es keine Zuschreibungen mehr von »Ost« und »West« gibt, das vereint ist in Chancen, Stärke und Zukunft.

I have a dream.

KAPITEL 2

DER VOLLSTÄNDIGE UMBRUCH: AUS EUPHORIE WIRD TRANS- FORMATIONS- KOMPETENZ

»In Ostdeutschland wurde man bezahlt, um zu arbeiten; in Westdeutschland muss man arbeiten, um bezahlt zu werden.«

(Anonym)

Es war Freitag und ein gewöhnlicher Schultag. Wir hatten einen Englischaufsatz zurückbekommen, und wie üblich hatte ich eine schlechte Zensur erhalten. Alles in allem nichts Ungewöhnliches, Russisch mochte ich ohnehin viel lieber und hatte keine wirkliche Lust auf weitere Fremdsprachen. An diesem Tag allerdings bat mich meine Lehrerin, nach dem Unterricht noch für ein kurzes Gespräch zu bleiben. Sie setzte sich hinter den Lehrertisch, ich zog einen Stuhl ihr gegenüber heran, und sie begann zu sprechen: von dem Potenzial, das sie in mir sehe, und von ihrem Bedauern darüber, dass ich daraus offensichtlich nichts machen wolle. Zumal ja gute Englischkenntnisse heutzutage für praktisch jedes Berufsleben wichtig seien, ganz im Gegensatz zu Russisch. Dass diese Worte ihre Wirkung auch auf mein späteres Leben taten, konnte ich zum damaligen Zeitpunkt nicht wissen. Und ich kann mich nicht mal mehr an den Namen dieser Lehrerin erinnern …

Als die Mauer im November 1989 fiel, setzte eine Welle der Euphorie ein, die weit über die politischen Grenzen hinausging und uns eine Vision von Einheit und Freiheit versprach: davon, wie wir miteinander zusammen die Zukunft gestalten, das Beste aus beiden Welten zusammenfügen würden. Wir jubelten und feierten. Es fühlte sich an, als sei eine Riesenlast von unseren Schultern genommen worden, und von einem Tag auf den anderen schien alles möglich. Es war eine Mischung aus Freude, Hoffnung, Ungläubigkeit und Erstaunen über das Erreichen eines langersehnten Ziels. Nicht nur physische, auch mentale Grenzen waren gefallen; unsere Plattenbaugemeinschaft war bereit, die neue Welt zu erobern. Ich fühlte mich wie in einem geheimen Klub, wie in unserem damaligen Traum von Abenteuern, der auf einmal Wirklichkeit zu werden schien. Das Kollektiv hatte es geschafft, die Mauer zu stürzen.

DIE PLATTENBAUGEMEINSCHAFT WAR BEREIT, DIE NEUE WELT ZU EROBERN.

Ich war 13 Jahre alt, und ich erinnere mich an diesen 9. November 1989 ganz genau. Sobald die Ansage in Fernsehen und Radio zur neuen Reiseregelung verklungen war, füllten sich die Straßen in Ostberlin mit Menschen, die in Richtung der Grenzübergänge zu Westberlin strömten. Wir wohnten damals nicht weit weg vom Brandenburger Tor und machten uns ebenfalls auf den Weg. Am Grenzübergang gerieten wir in eine riesige Menschenmenge – noch nie hatte ich bis dahin so viele Menschen auf einmal gesehen, normalerweise vielleicht eher ein Moment der Angst, an diesem Abend jedoch waren alle erfüllt von überglücklicher Stimmung! Die Menschen lachten und feierten, als ob es nie Sorgen gegeben hätte. Als die Grenzen dann endlich unter dem Druck der Massen geöffnet wurden, fielen sich alle in die Arme und weinten vor Freude. Die ganze Nacht wurde gefeiert und getanzt. Ein paar Wochen später war ich bei der Silvesterparty am Brandenburger Tor und hörte David Hasselhoff mit dem Song »Looking for Freedom«. Ich gebe zu, auch ich habe mitgesungen und kenne noch heute den Text auswendig.

Alles, was der Westen zu bieten hatte, glänzte in voller Pracht und war in greifbare Nähe gerückt. Ich erinnere mich, dass meine Mutter eines Tages mit einer Tüte voller Mangos nach Hause kam und die Familie zusammentrommelte zum Kuchenbacken: den ersten Schoko-Mango-Kuchen! Es war der leckerste Kuchen, den ich bis dahin in meinem Leben gegessen hatte. Auch Milka-Schokolade, Coca-Cola, Chio-Chips und andere »Köstlichkeiten« habe ich damals zum ersten Mal probiert: alles neu, überall nur noch »shiny objects«. Wie auch die legendäre Jugendzeitschrift *Bravo*, das knallbunte Jugendmagazin, das alles behandelte, was in einem Teenieleben wichtig war. Jede Woche stand ich in der Schlange am Kiosk und investierte mein gesamtes gespartes Taschengeld, um die neueste Ausgabe zu ergattern. Die Starschnitte, die es damals noch gab, zierten Wände und Tür meines Zimmers, und bald wusste ich nicht mehr, wie ich es bis dahin ohne dieses Heft hatte aushalten können. Es war eine Zeit der Euphorie, die ich in der Sorglosigkeit eines Teenagerlebens genossen habe. Ein Hochgefühl dieser Art verspürte ich erst wieder, als ich Geschäftsleiterin wurde: Zum ersten Mal in leitender Spitzenfunktion zu sein, was auch großen Respekt und leise Zweifel aufkommen ließ, ob ich ihr gerecht werden würde, also die gläserne Decke durchbrochen zu haben, mitgestalten und damit Vorbild sein zu können, auch und vor allem für Menschen ostdeutscher Herkunft, erfüllte mich mit großer Freude und Zuversicht.

Ein Nachbar erzählte damals meinem Vater, dass seine Schüler, als seien sie aus einem tiefen Schlaf erwacht, ihn mit Fragen zur Welt, zu den unterschiedlichen Kulturen und Lebensweisen geradezu überschütteten. Fragen, die sich vor dem Mauerfall niemand zu stellen getraut hätte, aus Angst vor Konsequenzen, und die er selbst, wie er zugeben musste, nicht alle beantworten konnte. Auch berichtete er, dass er zum ersten Mal lange Schlangen vor Buchläden gesehen habe, also Menschen, die ihren Wissensdurst, den er selbst ebenfalls verspüre, endlich zu befriedigen suchten. Es schien, als ob die Mauer nicht nur physisch gefallen sei, sondern auch in den Köpfen. Der Mauerfall öffnete ja nicht nur geografische Grenzen, sondern auch die Grenzen unserer Vorstellungskraft, die weit über das Physische hinausgingen. Geschichte war dabei, eine neue Landkarte zu zeichnen, eine, die Zuversicht und eine Perspektive für die Zukunft bot. Mein Vater sprach von einem Katalysator für positive langfristige Veränderungen der Gesellschaft. Was aber war es, das uns so schnell von dieser Euphorie über die lang ersehnte Vereinigung in eine Stimmung der Enttäuschung, Resignation und des Schmerzes im Osten und der Skepsis und Ablehnung im Westen geraten ließ?

WIE KONNTEN WIR SO SCHNELL VON DER ÜBERWÄLTIGENDEN EUPHORIE ÜBER DIE LANG ERSEHNTE VEREINIGUNG IN EINE STIMMUNG DER ENTTÄUSCHUNG, RESIGNATION UND DES SCHMERZES IM OSTEN UND DER SKEPSIS UND ABLEHNUNG IM WESTEN GERATEN?

Wie alle anderen begannen auch meine Eltern, ihre Identität in der neuen Realität zu formen, und sie ließen sich ganz von der Hoffnung auf eine prosperierende Zukunft leiten. Es schien, als verleihe ihnen dies Antrieb für persönliches Wachstum und Motivation für beruflichen Erfolg und nicht zuletzt auch für Reisen »in die große weite Welt«. Ich weiß noch, wie mein Vater eines Abends einen Atlas hervorholte und wir alle zusammen Pläne schmiedeten, welche Länder wir bereisen würden. Meine Mutter erzählte, dass ihr Chef plane, seine eigene Apotheke zu eröffnen und sie einzustellen und deutlich besser zu bezahlen gedenke. Niemand dachte zu diesem Zeitpunkt an Dinge wie Gender Pay Gap oder Lifetime Pay Gap, an wirtschaftliche Notwendigkeiten, nach denen nun Beschäftigung und Bezahlung auszurichten waren. Warum nur wurde nicht die Chance genutzt, soziale Ungerechtigkeiten und Ungleichgewichte für ganz Deutschland zu eliminieren und sie genau nicht auf das gesamte neue Land auszuweiten?

Die politischen Entscheidungen nach dem Mauerfall waren von großer Bedeutung für die postsozialistische Transformation der ehemaligen DDR. Die formale Beendigung der deutschen Teilung brachte zwar die politische Einheit, aber genauso auch die enormen Herausforderungen der wirtschaftlichen und sozialen Integration mit sich. Die Treuhandanstalt als zentrale Institution für die Restrukturierung und Privatisierung der ostdeutschen Wirtschaft begann, Unternehmen zu verkaufen und fast ausschließlich Führungskräfte aus dem Westen einzusetzen, um die Integration in die Marktwirtschaft zu beschleunigen. Diese Führungskräfte zogen ihrerseits für die Ebenen darunter westdeutsche Führungskräfte nach, die die ostdeutschen Arbeitskräfte anleiten sollten. Damit übernahm der Westen kurzerhand die Gestaltungshoheit für alle neuen Bundesländer und den damit einhergehenden Strukturwandel von der zentralistisch gesteuerten DDR-Planwirtschaft zur sozialen Marktwirtschaft. Wo blieb dabei die Mitgestaltung des Ostens nach der Wende, von der damals die Rede war?[12]

Staatliche Betriebe der DDR, die, egal wie ineffizient sie geführt waren, Arbeitsplätze für alle boten, wurden auf den freien Markt gelassen, womit die vollständige Integration in ein kapitalistisches Wirtschaftssystem eingeleitet war. Ein massiver Abbau von Arbeitsplätzen in Städten und noch mehr in ländlichen Gebieten sowie eine allgemeine soziale Verunsicherung waren die Folgen. Die zutage tretende grundlegende Veränderung der wirtschaftlichen Landschaft ließ sehr viel Kritik aufkommen, die aber wenig bewirkte, weil es schlicht kein Zurück mehr gab. Es war, so erlebten es viele Betroffene damals, als ob der Westen den Osten einfach übernahm, der Osten sich zu integrieren und anzupassen hatte, um so schnell wie möglich zum Westen zu werden. Vergessen war die Euphorie, und ungekannte Existenzängste machten sich an ihrer Stelle breit. Ganze Industrien brachen vollständig zusammen, auch Schüler und Berufsanfänger wurden unsicher, wo und wie sie ihren beruflichen Werdegang beginnen könnten. Von Gemeinschaftssinn und Miteinander war unter der Führung des Westens und seiner Leitlinien nichts zu spüren. Dafür nahmen westlich geprägte Hierarchien und westlicher Individualismus einen prominenten Platz ein. Unter den Ostdeutschen begann sich ein Gefühl vom »Bürger zweiter Klasse« und eine depressive Stimmung auszubreiten, weil viele ihren Nutzen für das neu entstehende Deutschland nicht mehr erkennen konnten.[13] Verstärkt wurde dieses Gefühl von Minderwertigkeit durch die Tatsache, dass nicht wenige der in der DDR gültigen Qualifikationen komplett ihren Wert verloren.

> DEM ERLEBEN DER OSTDEUTSCHEN MENSCHEN NACH HATTE DER OSTEN SICH ZU INTEGRIEREN UND ANZUPASSEN UND SO SCHNELL WIE MÖGLICH ZUM WESTEN ZU WERDEN.

Im ganzen Osten kursierten Geschichten über Pflegekräfte, Bergmänner, Fabrikarbeiter, Ingenieure und viele andere, die plötzlich vor dem Nichts standen und ums Überleben kämpfen mussten. Es wird geschätzt, dass etwa 80 Prozent der Menschen ihren Arbeitsplatz in dieser Zeit verloren – Arbeitslosigkeit kannte damals niemand im Osten. Was man kannte, war die unbedingte Pflicht zu arbeiten, oftmals entgegen allen eigenen Vorstellungen und Wünschen, die angesichts drohender Repressalien bei Verweigerung besser hintangestellt wurden. Auch im Freundeskreis meiner Eltern verloren etliche ihre Arbeit und waren gezwungen, sich in einem völlig neuen wirtschaftlichen Umfeld zurechtzufinden. Irgendwann gehörte leider auch mein Vater dazu, weil dessen damaliges Unternehmen geschlossen wurde. Herausgerissen aus einem durch ein hohes Maß an Solidarität geprägten Arbeitskollektiv, wo Arbeit als Pflicht galt und Arbeitsplätze meist zugewiesen wurden, standen Menschen wie mein Vater nun vor der

Herausforderung, sich selbst auf einem durch Konkurrenz bestimmten Arbeitsmarkt zu behaupten. Es war eine wirtschaftliche Wettbewerbssituation, die die Menschen bisher nicht kannten und auf die sie niemand vorbereitet hatte. Alles ging schnell und gefühlt blieb keine Zeit, darauf zu reagieren, denn der DDR-spezifische Bildungsstand war mit dem im Westen nicht zu vergleichen: Fremdsprachenkenntnisse (außer Russisch) fehlten weitgehend, viele der Fachkenntnisse waren nicht mehr kompatibel, und Führungskräfte wurden als nicht qualifiziert erachtet, Betriebe und Unternehmen nach westlichen Standards führen zu können.

Unausgesprochen stand die Erwartung im Raum, dass sich Menschen nach einem langen Leben in der DDR ganz automatisch den neuen institutionellen Rahmenbedingungen des Westens anpassen, ihr Leben von einem Tag auf den anderen einfach umgestalten würden. Schließlich wusste der Westen, wie der Aufschwung zu schaffen ist, und dem hatte der Osten zu folgen. Eine von Konsens geprägte Gesellschaft, in der Mitbestimmung auf ein Minimum reduziert war, wurde von jetzt auf gleich durch eine pluralistische Öffentlichkeit ersetzt, in der es aber genauso wenig Mitbestimmung für sie gab. Dies führte in der Breite zu Identitätsverlust, mit dem vor allem die älteren Männer schwer zu kämpfen hatten. Ich bin überzeugt davon, dass diese unvermittelten Erfahrungen mit dem neuen wirtschaftlichen, politischen und gesellschaftlichen System einer der Gründe sind, weshalb viele Menschen im Osten in Resignation, Ablehnung und ein Gefühl der Machtlosigkeit verfielen. Warum wurde die gesamte DDR-Gesellschaft so rabiat zur Seite geschoben, ein neues Deutschland nicht im Miteinander aufgebaut? Eine Datenauswertung von *Zeit*-Journalisten ergab, dass etwa 800 000 Menschen bereits zwischen 1989 und 1990 den Osten aufgrund von Betriebsschließungen und Arbeitslosigkeit verließen und dadurch auch die Infrastruktur zugrunde ging.[14] Und um die Jahrtausendwende kam es zum nächsten großen Abwanderungsschub. Zudem stellte sich zwischen 1990 und 1994 ein Rückgang der Geburtenrate um 50 Prozent ein. Niemand schien damals zu erkennen, dass diese signifikante Geburtenlücke eine Überalterung der Gesellschaft nach sich ziehen würde, die wiederum schwerwiegende Nachteile für den Osten als Wirtschaftsort haben würde. Oder hat man sich gefreut, dass dadurch der Westen profitieren würde?

AUS WELCHEM GRUND WURDE DIE GESAMTE DDR-GESELLSCHAFT SO RABIAT ZUR SEITE GESCHOBEN, EIN NEUES DEUTSCHLAND NICHT IM MITEINANDER AUFGEBAUT?

Als die Wende kam, war ich mitten in der Pubertät – eine ohnehin schwierige Zeit für eine Heranwachsende, auch ohne einen Umbruch des gesamten gesellschaftlichen Lebens. Geldsorgen oder Angst, die Wohnung zu verlieren, kannte ich bis dahin in der Familie nicht. Natürlich lebten wir nie in dem, was im Westen als Luxus definiert ist. Aber wir hatten, bei zwar nicht eben opulentem Angebot, immer genug zu essen, fanden

Wohnraum, wenn auch eng begrenzt und ohne jeglichen Komfort, in den Plattenbauten vor, hatten ein staatlich verbrieftes Recht auf Arbeit, das wie gesagt einherging mit einer verfügten Arbeitsverpflichtung, und es wurde keinerlei Konkurrenz auf dem Arbeitsmarkt zugelassen, zumindest jedenfalls durfte sie nicht sichtbar werden. Ich hatte meine Eltern nie besorgt und in wirtschaftlichen Nöten erlebt, hatte meinen Vater nie weinen und noch nie Panik in seinem Gesicht gesehen, weil das Einkommen meiner Mutter als damalige Alleinverdienerin womöglich nicht ausreichte. Noch nie hatte ich meinen Vater so gedemütigt, enttäuscht und besorgt erlebt wie zur Zeit seiner Arbeitslosigkeit, als er Tag für Tag von Bewerbungsgesprächen zurückkam und wieder nur Absagen bekommen hatte. Es war die Zeit, in der meine Mama die Familie, das ganze Alltagsleben zusammenhielt. Auch Erzählungen von Klassenkameraden bestärkten mein Gefühl, dass es die Mütter waren, die den gesellschaftlichen Umbruch und die dazugehörige Transformation besser bewältigten als die Väter. Ostdeutsche Frauen waren schon immer gut ausgebildet und verdienten ihr eigenes Geld. »Die Frau in der DDR« als aus der strukturell verankerten Gleichberechtigung entstandenes Spezifikum ist mir persönlich so von nirgendwo in der westlichen Welt bekannt. Wiewohl man dabei im Auge behalten sollte, dass diese Art von Gleichbehandlung in keiner Weise einem allgemein emanzipatorischen Anspruch folgte und weit entfernt war von beabsichtigtem persönlichem Empowerment. Dieses Wissen hilft zu vermeiden, dass die Dinge in der Rückschau allzu verklärt werden.

ES WAREN VOR ALLEM DIE MÜTTER, DIE DEN GESELLSCHAFTLICHEN UMBRUCH ZU TRAGEN UND DIE DAZUGEHÖRIGE TRANSFORMATION ZU BEWÄLTIGEN LERNTEN.

Die Zeit, als mein Vater arbeitslos geworden war und meine Eltern mit der Suche nach einer neuen Identität beschäftigt waren, stürzte auch mich in ein Gefühl der Einsamkeit und Verlorenheit. Nichts war mehr wie zuvor, nichts davon hatte mehr Gültigkeit, unsere Lebenspläne waren vollständig auf den Kopf gestellt. Existenzielle Sorgen standen im Vordergrund, und es war vorbei mit der unbeschwerten Kindheit. Als 13-Jährige begriff ich das Ausmaß der Veränderung natürlich nicht vollständig. Mein Vater musste sich beruflich neu orientieren, sich neue Fähigkeiten aneignen und seine Ambitionen neu ausrichten. Und er hatte offenbar keinerlei Vorstellung, wie er das machen sollte. Bis dahin hatte er wie viele andere auch über die längste Zeit seines Berufslebens denselben Arbeitgeber und Job gehabt und musste sich nie um so etwas wie Karriereplanung kümmern. Ich dachte ständig darüber nach, was ich tun könnte, damit er sich wieder besser fühlen, sich wiederfinden, wieder der Papa sein könnte, der er zuvor gewesen war. Ich wurde von heute auf morgen erwachsen, wurde zum Elternteil und übernahm emotionale Verantwortung für meinen Vater in seinem Versuch, sich auf die neue westliche Gesellschaftsordnung einzustellen. Und irgendwann kam er dann schließlich nach Hause und verkündete, dass er eine

Stelle als Vertriebsleiter bekommen hatte. Danach konnten wir in eine größere Wohnung umziehen, und für unsere Familie begann ein neues Kapitel – eines, in das auch meine Zeit als Austauschschülerin in den USA gehört.

Die Tatsache, dass wir Wendekinder aus dem Stand in neuen Lebensumständen funktionieren, unser Verhalten anpassen und eine neue Werteordnung annehmen mussten, lehrte uns früh, tiefgreifende Veränderung anzunehmen und Wege in Richtung Stabilisierung zu finden. Welche Haltung und welche Vorzüge wir daraus entwickelten, wurde mir bei einem Jobinterview in einer großen Bank in London bewusst, bei der ich mich im Jahr 2004 um eine Stelle im Produktcontrolling beworben hatte. Die Managerin sprach offen mit mir über die betreffende Abteilung, die längst nicht perfekt sei, da noch keine funktionierende Routine etabliert sei und etliche noch chaotisch verliefe. Es müsse also noch viel am Aufbau gearbeitet werden, was letzten Endes lange Arbeitszeiten, auch für mich, bedeuten könnte. Ich musste unwillkürlich lächeln: Da ist sie wieder, die Herausforderung, die alles verlangt. Nichts hätte mich besser motivieren können als die offenen Worte der Managerin. Ich liebte Veränderungen, gerade in meiner Arbeit, mochte keine Routine in meinem Job. Mir macht es Spaß, Prozesse straffen, neue Muster ausbilden zu können, die Verbesserungen bringen und direkten Mehrwert schöpfen. Ich wolle die Stelle unbedingt antreten, erklärte ich der Managerin. Die reagierte sichtlich erstaunt und meinte, dass ich die erste Bewerberin sei, die hier den Reiz des Neuen sehe und nicht als Erstes von den langen Arbeitszeiten abgeschreckt werde. In diesem Moment erkannte ich, welchen unschätzbaren Vorteil mir meine in Wendezeiten angeeignete Transformationskompetenz bietet. In ihrem Buch *Aufbrechen* schreibt Jeannette Gusko: »Große gesellschaftliche Wandelsituationen bringen Störungen für die Menschen mit sich, die von der Transformation betroffen sind. Sie sind gezwungen, auf die neuen Lebensumstände zu reagieren, und können so bestimmte Verhaltensmotivationen, Eigenschaften und Persönlichkeitsmerkmale aufbauen«, Transformationskompetenz sei »die dauerhafte, im Inneren des Menschen entstandene Fähigkeit und Bereitschaft zum Gestalten von Wandel«.[15] Und damit sind exakt die Vorzüge von uns Wendekindern beschrieben. Alles andere als »transformationsmüde« machte ich mich, nachdem wieder Ruhe und Stabilität in die Familie zurückgekehrt war, bereit für einen nächsten persönlichen »Systemwandel«: mein Austauschjahr in den USA zwischen 1993 und 1994, das ich mir zugegebenermaßen etwas anders vorgestellt hatte.

Nach einer gefühlten Ewigkeit in vier Fliegern landete ich endlich in einer Kleinstadt namens St. George in Utah und lernte meine Gastfamilie kennen. Sie hatten drei kleine Kinder, ein altes Auto und ein bescheidenes Haus mit einem aufblasbaren Planschbecken im hinteren Garten. Wie viele Menschen in Utah waren auch sie tiefgläubige Mormonen, gingen jeden Sonntag in die Kirche und lebten streng nach den Vorschriften ihrer Religion. Meine Gastfamilie kannte kein Fernsehen, keinen Kaffee, auch keine Cola, führte also ein ganz anderes Leben als das, das ich aus Serien wie *Beverly Hills, 90210* als das »typisch amerikanische« kennengelernt hatte. Und auch in der High School war alles anders als im Fernsehen. Da die meisten Schüler aus Mormonenfamilien stammten, gab es weder die coolen Partys noch das freie Ausgehen bis spät in die Nacht, das ich mir so sehr gewünscht hatte. Ich verstand auch nicht, weshalb ich gefragt wurde, ob es in Deutschland Kühlschränke mit Eiswürfelspendern oder Berge wie die Rocky Mountains gebe. Ich verstand deren ganzes Leben nicht, und ziemlich schnell machten die ewigen Missverständnisse und Reibungen das Zusammenleben anstrengend. Es war eine Art Kulturschock, den ich da erlebte. Aus Ostberlin kommend, dazu alles andere als religiös erzogen, verlangte mir dieses neue Umfeld schon wieder eine komplette Umstellung und Anpassung ab – allerdings mit dem wesentlichen Unterschied, dass ich nicht wie nach der Wende meine Identität infrage gestellt sah, sondern genau wusste, wie ich zu reagieren hatte. Ich sprach mit den Gasteltern offen über unsere unterschiedlichen Haltungen und Perspektiven, wir fanden Kompromisse und mit der Zeit sogar zu einem empathischen Umgang miteinander. Anders als viele andere Austauschschüler wechselte ich meine Gastfamilie nicht, sie wurde sogar zu etwas wie meiner zweiten Familie.

Mein Austauschjahr in den USA war das Jahr, in dem sich meine Persönlichkeit festigte. Nicht nur, dass ich die englische Sprache perfekt erlernte, ich musste es mit meinen 16 Jahren auch irgendwie schaffen, mich selbstständig in einem fremden Land zu behaupten, mich dem Neuen gegenüber zu öffnen und gute Erfahrungen damit zu machen sowie einen positiven Umgang mit kultureller Vielfalt zu finden. Dabei wurde mir klar, wie wichtig gerade Letztere für die persönliche Entwicklung ist und dass es vor allem die vielen verschiedenen Lebensformen dieser Welt sind, die sie so einzigartig und interessant machen. Ich lernte die Bedeutung von Kompromissen und dass man mit Verhandlung wesentlich mehr erreicht als mit Sturheit. Die Wendezeit hatte mir den Weg geebnet, um mit meinen Erfahrungen in USA positiv umgehen zu können. Erst Jahre später erfuhr ich, dass meine Eltern an ihre äußersten finanziellen Reserven gegangen waren, um mir diesen Aufenthalt in den USA zu ermöglichen. Dafür werde ich ihnen ewig dankbar sein. Denn schon die Entscheidung, für ein Austauschjahr in die USA zu gehen, hatte mich, wie ich nachträglich erkannte, stark vom Umfeld der Gleichaltrigen in Ostberlin abgesetzt. Aus der überwundenen belastenden Familiensituation heraus habe ich genügend Mut entwickelt, mich für ein Jahr in eine wildfremde Umgebung zu begeben – tausende Kilometer von zu Hause entfernt. Die Besonderheit der damaligen familiären Situation hat meine Persönlichkeit in der Zeit in den USA sogar noch zusätzlich reifen lassen.

AUS DER ÜBERWUNDENEN KRISENHAFTEN FAMILIENSITUATION HERAUS HABE ICH DEN MUT AUFGEBRACHT, MICH FÜR EIN JAHR IN EINE WILDFREMDE UMGEBUNG ZU BEGEBEN.

Doch auch mir blieb im Erwachsenenalter nicht erspart, das Trauma der Wendezeit aufzuarbeiten, mich und meine Glaubenssätze zu verstehen und anzupassen. Zum Beispiel dadurch, dass ich begann, über mein Warum nachzudenken. Bis dahin war das, was ich in meiner Karriere angestrebt hatte, nichts anderes als finanzielle Freiheit, die mir ein Leben ohne Existenzängste garantieren sollte. Nach zehn Jahren Karriere verstand ich allerdings, dass mich dieses Ziel allein nicht erfüllte. Ich hatte stets auf sichere Jobs gesetzt, verdiente für mein Alter sehr gut und hatte es vermieden, Risiken auf mich zu nehmen, die diese finanzielle Freiheit gefährden könnten. Ich war in meinem Job zwar gut, aber er machte mir keinen Spaß. Ich hatte alles mir Mögliche getan, um Fehler zu vermeiden, die mein gesetztes Ziel gefährden könnten, und fragte mich zum ersten Mal, ob das so richtig war. Und bis auf meine Zeit bei Lehman Brothers war es mir tatsächlich auch gelungen, Karriererückschläge zu umgehen, damit aber auch Erfahrungen, aus denen ich hätte lernen und wachsen können. Ich kannte mein wahres Warum nicht, und völlig unbegründete Existenzängste hatten mich in der Karriere bis zu diesem Zeitpunkt zurückgehalten, Risiken einzugehen, um es zu finden.

Mark Twain wird der Satz zugeschrieben: »Die beiden wichtigsten Tage deines Lebens sind der Tag, an dem du geboren wurdest, und der Tag, an dem du herausfindest, warum.« Er ist eines meiner Lieblingszitate, das ich auch auf Karriereentwicklung anwende, liefert doch die Antwort auf die Frage »Was ist mein Warum?« eine erste Grundlage, auf der wir eine Vision von uns formulieren können. Denn ohne zu wissen, was uns antreibt, welche Ziele und Beweggründe wir haben, lässt sich auch keine stabile Vision von uns und somit auch nicht von der Karriere entwickeln. Und ohne eine Vision war es zumindest mir unmöglich, Erfüllung in der Karriere zu finden. Im

Gespräch über die Suche nach meinem Warum verriet mein Vater mir, dass er sein persönliches Warum auch nicht gekannt hatte, als er seine Arbeitsstelle nach dem Mauerfall verlor. Und kaum hatte er es nach einiger Zeit endlich gefunden, kam auch schon bald seine neue Arbeitsstelle. In Zeiten der DDR waren solche Dinge völlig ohne Belang, klar, dass sie bei uns in der Familie nie Thema waren.

Auf Empfehlung eines früheren Vorgesetzten schaute ich mir den TEDx Talk »Start with Why« von Simon Sinek aus dem Jahr 2009 an.[16] Darin führt Sinek seine Idee des goldenen Kreises ein und erklärt, weshalb Organisationen und Führungskräfte zunächst ihr Warum verstehen und kommunizieren sollten, bevor sie sich mit dem zum Erfolg führenden Wie und Was befassen. Die Kernaussage ist: Die meisten von uns wissen, was sie machen und wie, aber die wenigsten können sagen, warum sie es tun. Infolgedessen kann dieses Warum auch nicht wirklich kommuniziert werden. Und das, obwohl es die eigentliche Basis ist, auf der man es mit Inspiration und Emotion schafft, eine Bindung aufzubauen. Sinek erklärt, dass ein Teil unseres Gehirns, das limbische System, das Emotionen und Entscheidungen steuert, auf eben dieses Warum anspricht. Insofern also könne die Betonung des Warum das Verhalten von Menschen psychologisch beeinflussen, was er unter anderem anhand der Firma Apple überzeugend demonstriert.

Mir wurde klar, dass ich meine intrinsische Motivation nicht kannte, denn die angestrebte finanzielle Freiheit, mein Wunsch, nie wieder in wirtschaftliche Existenzängste zu geraten, entstammten keiner intrinsischen Motivation. Und deshalb verharrte ich zehn Jahre lang in Jobs, die mich innerlich nicht erfüllten, und ich konnte weder mir selbst noch nach außen vermitteln, was genau mich antrieb, was mein Warum war. Da ich also nicht wusste, was ich will, war es auch unmöglich für mich, eine Führungsposition im Jahresgespräch einzufordern. Mir fehlte der Schlüssel zum Erfolg, der mir helfen würde, in meiner Karriere voranzukommen.

IN DDR-ZEITEN WAR ES DIE NORM, FAMILIE UND BERUF IN EINKLANG ZU BRINGEN. NUN, IM VEREINTEN DEUTSCHLAND, SEHEN SICH ALLE FRAUEN ZUSAMMEN VOR EIN STRUKTURELL VERANKERTES VEREINBARKEITSPROBLEM GESTELLT.

Und ohne Kenntnis des Warum gibt es auch keine Definition und Priorisierung von Karrierezielen und keine Möglichkeit zur Orientierung an positiven Glaubenssätzen. Die US-amerikanische Politikwissenschaftlerin Anne-Marie Slaughter sagte bereits vor zehn Jahren: »Women can have it all, just not at the same time.«[17] Ihr Thema waren Herausforderungen, denen Frauen sich gegenübersehen, und Entscheidungen, die sie treffen müssen, um Beruf und Familie in Einklang bringen zu können. Die Ziele, die eine Frau erreichen wolle, sollten, so Slaughters Vorschlag, zunächst mit einer zeitlichen Priorisierung versehen werden, statt sie als gleichzeitig zu bewältigendes »Aufgabenpaket« in Angriff zu nehmen. Gerade in

Deutschland gilt es immer noch, diese Empfehlung auszusprechen. Während es in DDR-Zeiten die wenn auch systembedingte Norm war, Familie und Beruf in Einklang zu bringen, sehen sich nun im vereinten Deutschland alle Frauen zusammen vor ein strukturell verankertes Vereinbarkeitsproblem gestellt. Deshalb ist es auch oder gerade im Hinblick auf die Partnerwahl für sie so wichtig, das Thema Karriere frühzeitig anzusprechen, um sich für Entscheidungen und Planungen die erforderliche Unterstützung zu sichern. Was eine Entscheidung für ein Karriereziel bedeuten kann, beispielsweise ein Umzug in ein anderes Land, sollten selbstverständlich auch Frauen mit Familie für sich klären können. Laut *Forbes Magazine* liegen die Hindernisse für Frauen auf dem Weg ins Top-Management bereits in verpassten Beförderungen auf den unteren Karrierestufen – das Phänomen der sogenannten »Broken Rung« – mit entsprechend negativen Auswirkungen auf die gesamte Karrierelaufbahn.[18]

Vor allem meinen Mentees ostdeutscher Herkunft rate ich im Sinne ihres persönlichen Erfolgs, so früh wie möglich in ihrer Karriere das persönliche Warum zu finden, die eigenen Ziele zu definieren und zu priorisieren sowie positive Glaubenssätze zu verankern. Diejenigen, die noch nach Regeln des sozialistischen Gemeinschaftssinns erzogen worden sind, müssen mächtig umdenken und regelrecht lernen, sich auf das eigene Ich zu konzentrieren. Ich habe in meinem Berufsleben viele Arbeitskolleginnen und -kollegen vorwiegend im mittleren Management getroffen, die allesamt ihr Warum nicht kannten, ihre Ziele nicht eindeutig definiert oder priorisiert und eher negative Glaubenssätze verinnerlicht hatten.

Andererseits habe ich persönlich noch niemanden getroffen, der es an die Spitze eines Unternehmens gebracht hätte, ohne sein Warum zu kennen, seine beruflichen Ziele stets definiert und stark priorisiert zu haben und positive Glaubenssätze zu leben. Denn auf dieser Basis findet man zu einem gestärkten Selbstwertgefühl und Selbstbewusstsein, steigert die Widerstandsfähigkeit und senkt den Stresspegel. Ohne die Unterstützung durch meinen damaligen Vorgesetzten hätte ich die Schritte, die ich tat, auch nicht getan. Er motivierte mich, mich selbst zu reflektieren, mein Inneres zu verstehen und eine Vision für mich und meine Karriere zu entwickeln. So gesehen war er nicht nur Vorgesetzter, sondern auch mein Mentor, einer, der zudem an die Kraft von Vielfalt glaubte und an meine Fähigkeiten. Auf der Basis dieser Erfahrungswerte biete ich heute gerne den Jüngeren meinen Rückhalt an.

MIT MEINER ARBEIT ALS WICHTIGEM TEIL MEINER GESCHICHTE WOLLTE ICH VOR ALLEM OSTDEUTSCHE MENSCHEN MOTIVIEREN, SICH FÜR SICH SELBST, IHRE KARRIERE UND DAMIT FÜR POSITIVE GESTALTUNGSMACHT ZU BEGEISTERN.

Nach zehn Jahren Berufserfahrung, die mich nicht erfüllt hatte, erkannte ich endlich meinen intrinsischen Karrierewunsch: die Führung im Vertriebsteam einer Bank im Kapitalmarktbereich. Ich spürte ein tiefes Interesse an Finanzmärkten, Wirtschaftstrends und Investitionen, das ich im Sinne meiner Kunden und ihrer Anlageentscheidungen nutzbar machen wollte. Ich fühlte mich von den durch Marktschwankungen und Handelsaktivitäten erzeugten Herausforderungen und der Hektik buchstäblich angezogen, und es erfüllte mich, innovative Lösungen für meine Kunden und ihre wirtschaftliche Stärkung zu finden. Ich mochte den harten und schnellen Wettbewerb in dieser Branche und die sich daraus ergebenden Möglichkeiten, Finanzstrategien mit Kunden zu eruieren. Ich schätzte die globale Marktperspektive und die positive Gestaltungsmacht, die mir die Arbeit mit Kunden ermöglichten. Und nicht zuletzt wollte ich über diese Arbeit als wichtigem Teil meiner Geschichte vor allem Menschen ostdeutscher Herkunft motivieren, sich selbst und ihre Karriere zu befördern und sich für positive Gestaltungsmacht zu begeistern.

Mein endgültiges Ziel, so viel stand für mich inzwischen also fest, konnte nicht die finanzielle Freiheit als Absicherung gegen Verlust- und Existenzängste sein, sondern vielmehr und langfristig der Aufstieg in die Position eines Vorstands im Kapitalmarktbereich einer internationalen Bank und damit der Erhalt von Macht, mit der Dinge zum Positiven verändert werden können. Ich wollte aktiv eine diverse, durch und durch von Vielfalt bestimmte Unternehmenskultur in einer internationalen Bank gestalten, in der alle Mitarbeiterinnen und Mitarbeiter ihre Erfüllung finden; ich wollte aktiv Einfluss auf das langfristige Wachstum einer globalen Bank nehmen, um so einen echten Mehrwert für Kunden, Aktionäre und Mitarbeiter zu schaffen; ich wollte aktiv Innovationen in einer

Großbank vorantreiben, damit diese auch für kommende Generationen in der Gesellschaft nachhaltig ihren Beitrag leisten kann.

Mein Aufstieg in die Geschäftsleitung fand fast zeitgleich mit dem Ausbruch der Pandemie statt. Die Ängste meines jungen Teams vor einer ungewissen Zukunft waren deutlich spürbar, und wohl nicht zufällig wurde ich wiederholt nach meinen Erfahrungen zur postsozialistischen Transformation gefragt. Trotz aller traumatischen Erfahrung, aller Ängste und durchweinten Nächte hat die Nachwendezeit mich und meine Familie gestärkt. Sie hat meine Resilienz gestärkt und mich in meiner Haltung bestärkt, dass Aufgeben nie eine Option ist. Sie hat mich den Perspektivenwechsel gelehrt und meine Empathiefähigkeit erweitert, die mir hilft, neue Beziehungen zu Menschen aufzubauen und am Gemeinschaftssinn zu arbeiten. Ich habe gelernt, Komplexität zu reduzieren und aus verschiedenen Sichtweisen heraus angemessene Lösungen zu erarbeiten, Strategien zu entwickeln und zu hinterfragen, dabei die Umsetzung so oft anzupassen, bis alle auch wirklich erfüllt sind. Und ich habe mich bemüht, diese Erfahrungen und Erkenntnisse an mein Team weiterzugeben. Transformation ist meine Kernkompetenz und fängt mit Selbstführung an, die Menschen ihre Ängste nimmt, ihnen Mut zu Entscheidungen zuspricht und sie in ihrer Entwicklung und beim Aufbau ihres Selbstvertrauens unterstützt. Sie geht einher mit Leadership, das Mut macht, befähigt und Vertrauen schenkt. Transformationskompetenz ist eine Superpower und sollte fester Faktor einer zukunftsweisenden Vorstandsformel sein.

GANZ SICHER PRÄGEN DIE DURCH DIE WENDE ERZIELTEN ERFAHRUNGEN MICH BIS HEUTE AM STÄRKSTEN – ALS MENSCH UND ALS FÜHRUNGSKRAFT.

Die Stärke, die ich mir in der Phase des harten Umbruchs zugelegt hatte, gab mir auch das Selbstbewusstsein, mich für die Aufnahmeprüfung an der John-F.-Kennedy-Schule anzumelden. Mit diesem Wechsel wollte ich mir selbst eine Zukunft im Bildungssystem des Westens eröffnen – ein für mich großer und überaus wichtiger Schritt im Hinblick auf meine weitere Entwicklung und den Weg bis zur Spitze. Ähnlich wie in der Wendezeit und später in den USA erlebte ich auch in der Schule eine Art von Systemwechsel, eine signifikante Veränderung meines Umfelds. Und erneut galt es die Auseinandersetzung mit mir, meiner Geschichte und meiner Herkunft zu führen. Ich habe keinen Zweifel daran, dass diese letztlich durch die Wende erzielten Erfahrungen mich bis heute am stärksten prägen, als Mensch und als Führungskraft. Für mein Leben lernte ich, Dinge zu hinterfragen und zu verändern und eben nicht stumpf als selbstverständliche und unveränderliche Norm hinzunehmen.

KAPITEL 3

STURM DES WANDELS: VOM SOZIA- LISTISCHEN PERSÖNLICH- KEITSIDEAL ZUM WESTLICHEN INDIVIDUA- LISMUS

»Es gibt nur eine Sache auf der Welt, die teurer ist als Bildung: keine Bildung!«

John F. Kennedy

»Nun mach schon auf«, forderten mich meine Eltern auf, selbst schon fast ungeduldig. Ich hielt eine kleine Geschenkbox in meinen Händen und begann nun, langsam die Schleife aufzuziehen. Ich hatte mich so sehr auf meinen 18. Geburtstag gefreut. Seit meiner Zeit in den USA, in der ich auch das Autofahren gelernt habe, wünschte ich mir ein eigenes Auto. Und nun lag er da in der Schachtel, mein erster eigener Autoschlüssel. Meine Eltern hatten mir tatsächlich ein Auto gekauft – einen alten gebrauchten Nissan Sunny. Ich konnte es kaum fassen und war überglücklich. Vor lauter Freude hüpfte ich wie ein kleines Kind auf und ab und umarmte meine Eltern. Dann lief ich runter zum Parkplatz vor dem Haus und blieb wie geblendet stehen: Da stand er, mein Nissan Sunny, in voller Pracht, grau-metallic. Für mich sah er aus wie ein Sportwagen. Kaum hatte ich mich hinters Steuer gesetzt, durchströmte mich ich ein Gefühl von Freiheit, ab sofort gehörte die Welt mir. Ich war augenblicklich verliebt in dieses Auto und gab ihm den Namen Tommy. Mit Tommy sollte ich nun jeden Tag die rund 40 Kilometer von zu Hause nach Zehlendorf zu meiner neuen Schule, der John F. Kennedy School Berlin, hin- und wieder zurückfahren.

Die Welt der JFKS in Zehlendorf, in die ich nach meinem USA-Aufenthalt wechselte, um dort die gymnasiale Oberstufe und das Abitur zu absolvieren, konnte nicht weiter von meiner Welt im Plattenbau entfernt sein. Die Schule war hochwertig ausgestattet, bot viele Sportarten und außerschulische Aktivitäten an, das große Gelände mit den zahlreichen Gebäuden glich eher einem Businesspark als einem Schulkomplex. Diese exzellente Ausstattung, der multilinguale Unterricht und die Möglichkeiten zum Netzwerkaufbau eröffneten mir außerordentliche Optionen, die ich in meinem ehemaligen Gymnasium nicht bekommen hätte. Ich war so stolz auf mich, als eine der wenigen unter den Bewerbern die englische Aufnahmeprüfung der Oberstufe bestanden zu haben.

Meine neuen Mitschülerinnen und Mitschüler trugen fast ausschließlich Markenkleidung, fuhren teure Autos »Made in Germany« und hatten ihr Zuhause in den großen Villen in Zehlendorf und Dahlem oder in opulenten Jugendstil-Altbauwohnungen in Steglitz. Ich hingegen fuhr mit meinem Nissan jeden Tag 20 Kilometer zur Schule hin und 20 Kilometer zurück nach Berlin-Mitte. Das änderte nichts an meinem festen Wunsch, an dieser Schule zu lernen und mein Abitur dort zu machen. Waren es nicht wohlhabende Westberliner Familien, aus denen meine Mitschüler kamen, dann ausländische Diplomatenfamilien, für die ein Fahrer sämtliche Fahrdienste übernahm, also auch die Fahrten zur Schule – für mich eine komplett fremde Welt, für die meisten anderen eine Selbstverständlichkeit, wie auch das Ferienhaus im Ausland, die Reisen um gefühlt den ganzen Globus oder die Pläne für die spätere Verwendung ihres Erbes. Ich war in diesem Kosmos, in den ich da gekommen war, die Außenseiterin und musste erst lernen, einigermaßen sicher darin zu navigieren. Da ich unbedingt dazugehören und mit meinen neuen Freunden mithalten wollte, brauchte ich schnell eine pragmatische Lösung die finanzielle Seite dieser Absicht betreffend.

Ich besorgte mir einen Job, um neben der Schule das nötige Geld zu verdienen. Es waren unzählige Abende und Wochenenden, die ich in Vier- und Fünfsternehotels kellnerte, umso mehr aber genoss ich das neue Leben mit meinen neuen Freunden in der arbeitsfreien Zeit. Zum ersten Mal verdiente ich mein eigenes Geld und war zumindest für die Hälfte des Tages Teil einer mir völlig fremden sozialen Schicht. Im DDR-Ideal von harter Arbeit als Weg zum Erfolg fühlte ich mich insofern bestätigt, als mir schien, eben dadurch eines Tages voll und ganz zu dieser verlockenden Welt gehören zu können. Es war mir egal, dass meine Schulnoten unter meinem zeitraubenden Job litten, denn dafür lernte ich nützliche praktische Dinge, zum Beispiel meine Zeit zu priorisieren, meine finanzielle Bildung aufzubauen, ansatzweise Verhandlungen zu führen, Konfliktlösung und Netzwerken auszuprobieren. Wenn es nach mir ginge, würden alle diese Punkte als Schulstoff Eingang ins deutsche Bildungswesen finden.

IM HERZEN WERDE ICH IMMER EINE OSSI BLEIBEN UND STOLZ DARAUF SEIN, WIE VIEL POSITIVES AN ERZIEHUNG ICH VON DIESER GESELLSCHAFT MITGENOMMEN HABE.

Dann endlich war es so weit: Die 13. Klasse war erreicht, und es standen die wirklich spannenden Themen an wie die Planung der Abiturreise, das bevorstehende Studium und Zukunftspläne generell. Im Gespräch über Letztere fragte mich eine meiner Mitschülerinnen einmal, wie es eigentlich im »komischen« Osten in der Schule gewesen sei und ob ich mich überhaupt noch daran erinnern möge. Wohlwollend schickte sie hinterher, dass sie sich sehr für mich freue, durch die JFKS die Möglichkeit bekommen zu haben, diese »dunkle Zeit« hinter mir zu lassen. Ich war herablassende Bemerkungen über den Osten ja gewohnt, aber dieses Mal war es zu viel. Ihre wenig intelligente Bemerkung verletzte mich tief. Ich verstand überhaupt nicht, was sie meinte und wie ich ihre Frage ernsthaft beantworten sollte. Was sollte ich erklären? Sie hatte noch nie den Osten besucht, nicht einmal Ostberlin kannte sie wirklich. Dafür waren ihre Vorurteile, wie bei vielen anderen auch, umso stärker. Wie kam sie darauf, dass ich vergessen wollen würde, wo ich herkomme? Dass ich in Dunkelheit und Trostlosigkeit aufgewachsen und diesem Schrecken entkommen sei? Im Herzen werde ich immer eine Ossi bleiben und auch stolz darauf sein, wie viel Positives an Erziehung ich von dieser Gesellschaft mitgenommen habe. Obwohl ich das Schulsystem der DDR mit meinem Wechsel definitiv hinter mir gelassen hatte, ertappte ich mich oft dabei, innerlich Vergleiche zu ziehen. Ist wirklich alles besser in dieser neuen Welt? Was vermisse ich aus »meiner alten Welt«, was ziehe ich an ihr sogar vor? Verletzte mich deshalb die an sich harmlose, ein wenig dümmliche Bemerkung dieser Mitschülerin so sehr? Ich dachte oft über meine früheren Ostberliner Klassenkameraden nach, über unsere Ferienlagerreisen, über unser Miteinander, für das Kleidung, Geld oder Statussymbole keine Rolle spielten und wir frei von sozialen Ungleichheiten einfach nur Spaß zusammen haben konnten, beim Baden im See, in einfachsten Zeltdiscos und bei lustigen Nachtwanderungen. Wir genossen das unbeschwerte Leben heranwachsender Jugendlicher, und zumindest ich habe einen sehr romantischen Blick auf diese Zeit. Meine Art von Rückblick, der die kritische Sicht der Erwachsenen auf das damalige System in keiner Weise trübt.

Ich erklärte meiner Mitschülerin, dass, anders als im Westen, in der DDR Bildung und Erziehung immer als Einheit betrachtet wurden, es neben der reinen Wissensvermittlung immer auch um die Erziehung der Kinder und Jugendlichen zur »sozialistischen Persönlichkeit« ging, die wiederum idealerweise die Werte des Sozialismus, Kollektivismus, Patriotismus und die Hingabe an den Aufbau einer kommunistischen Gesellschaft verkörpern sollte.[19] Dieses Konzept galt es durch Schulbildung, Medien und vielfältige sozialistische Organisationen umzusetzen und darüber die sozialistische Persönlichkeit zu formen, die in sich Solidarität, Gemeinschaftssinn und Identifikation mit den Zielen des sozialistischen Staates vereinen sollte. Wer, so viel ist heute hinzuzufügen, sich aus persönlichen Gründen dieser Maßgabe nicht fügen konnte und wollte, hatte dementsprechend auch das mitunter schmerzhafte Nachsehen. Als Schulkind gehörte ich wie alle Kinder zu den Pionieren und trug wie alle das rote Halstuch. Die Pionierorganisation »Ernst Thälmann« stand ganz im Zeichen der sozialistischen Erziehung, in die der Staat die Kinder von klein auf einbinden wollte, und bildete die Vorstufe der FDJ, der Freien Deutschen Jugend. Als Pioniere lernten wir, stets das Kollektiv in den Mittelpunkt zu stellen. Jegliche Form von Individualismus dagegen, viel mehr noch auch nur ansatzweises Hinterfragen des Systems oder gar Kritik daran waren unerwünscht. Ob ich den Eindruck habe, fragte daraufhin eine andere Mitschülerin, dass demgegenüber das westliche

Schulsystem zu Kritik und Hinterfragen der bestehenden politischen und wirtschaftlichen Ordnung erziehe. Darüber hatte ich nie nachgedacht, und bevor ich etwas erwidern konnte, sprach sie schon von einer Erziehung zur kapitalistischen Persönlichkeit. Natürlich bekamen wir Schüler und Schülerinnen der JFK-Schule die Vorteile der gesellschaftlichen und politischen Strukturen des Westens und damit eine bestimmte Werteordnung vermittelt. Sie hatte recht, auch unsere Schulbildung beinhaltete nicht nur ein rein akademisches Bildungsangebot, sondern basierte auf einer demokratisch geprägten Werteerziehung, in der Individualismus und Kollektivismus ganz anders konnotiert waren als in der DDR und die auch keine offen indoktrinierende Einflussnahme verfolgte.

Relativ spät erst, mit etwa Mitte dreißig, wurde mir bewusst, dass ich in mir gewissermaßen die Werte der sozialistischen Persönlichkeit und die einer demokratischen Ordnung zu einer Haltung vereinte, die mein Leben und meine bisherige Karriere beeinflusst hatte. Ich saß mit einigen Führungskräften des mittleren Managements in der Mittagspause im Bistro und wir unterhielten uns über Karrierebücher, die uns unsere Mentoren beziehungsweise Führungskräfte empfohlen hatten. Es wurde ein Buchtitel nach dem anderen genannt, die meisten davon kannte ich oder hatte zumindest davon gehört. Ein Titel begegnete mir bei diesem Gespräch tatsächlich zum ersten Mal – ausgerechnet *der* Klassiker für Führungskräfte, die bis nach ganz oben kommen wollen. Es ging um *Die 48 Gesetze der Macht* von Robert Greene.[20] Der Titel machte mich neugierig, also kaufte ich das Buch noch am gleichen Tag und strich all meine Wochenendpläne, um es in Ruhe lesen zu können. Überraschenderweise stammte der Text nicht wie vermutet von einem Banker, sondern basierte auf den Erfahrungen eines Drehbuchautors in Hollywood. Nach wie vor gilt das Buch als die ultimative Enzyklopädie der Macht, und trotz seiner gut 450 Seiten las ich es vollständig, manche Stellen auch mehrfach, an diesem einen Wochenende durch.

Einige der Gesetze empfand ich als ungerecht oder grausam, andere hingegen, zum Beispiel Gesetz Nummer 7: »Lass andere für dich arbeiten, doch streiche immer die Anerkennung dafür ein«, haben mir die Augen geöffnet über in dieser Hinsicht immer wieder irritierende Geschehnisse in meiner Karriere. Ein Großteil der Gesetze schockierte mich einfach nur und versetzte mich in eine Art inneren Widerstreit: Auf der einen Seite vermittelten sie mittelbar die auf einer demokratischen Werteordnung basierenden Spielregeln für den Wettbewerb um eine Spitzenposition in einem Konzern. Auf der anderen Seite standen sie in hundertprozentigem Gegensatz zum Ideal der sozialistischen Persönlichkeit, nach dem ich erzogen worden war und das mir immer noch viel bedeutete. Meine damalige Mentorin gab mir in einem Gespräch darüber den Rat, mir jene fünf Gesetze einzuprägen, die sie für fundamental hielt für eine bis ganz nach oben strebende Konzernkarriere: Gesetz 4: Halte deine Absichten stets geheim; Gesetz 11: Mache Menschen von dir abhängig; Gesetz 13: Brauchst du Hilfe, appelliere an den Eigennutz; Gesetz 18: Baue zu deinem Schutz keine Festung – Isolation ist gefährlich; Gesetz 48: Strebe nach Formlosigkeit. Mehrfach las ich alle Gesetze durch, um sie in ihrer Bedeutung und ihren Zusammenhängen wirklich zu verstehen, und erkannte dabei irgendwann den manipulativen Ansatz dahinter. Meine Skepsis legte sich und ich war dem Autor für sein Buch sogar dankbar: Durch die Lektüre sah ich mich nun in der Lage, Manipulation im Umgang mit anderen zu erkennen und abzuwenden, und ich lernte, Menschen einzuschätzen und die richtigen Entscheidungen zu treffen. Eines schwor ich mir allerdings: Ich werde nie zu denjenigen gehören, die diese Gesetze nur um des eigenen Vorteils und Fortkommens willen verfolgen, sondern werde versuchen, daraus meine eigenen zu entwickeln.

MEINE ART VON LEADERSHIP IST DARAUF AUSGELEGT, EINE DIVERSE GEMEINSCHAFT, DIE IHRE ZIELE ALS TEAM SETZT UND KOMMUNIZIERT UND ERFOLGE WIE NIEDERLAGEN STETS GEMEINSAM ANNIMMT, NACH GANZEN KRÄFTEN ZU STÜTZEN.

Ich beschloss damals, mit den traditionellen, stark an Hierarchie und Autorität ausgerichteten Machtstrukturen der Führungskultur in Unternehmen zu brechen, stattdessen meinem Herzen treu zu bleiben und eine moderne, empathische und nachhaltig agierende Führungskraft zu sein, die das Beste aus ihrer ostdeutschen Prägung und einer demokratischen Werteordnung in ihrem Führungsstil verbindet. Kann es das tatsächlich geben? Meiner Meinung nach ja. Meine Art von

Leadership ist darauf ausgelegt, eine diverse Gemeinschaft, die ihre Ziele als Team setzt und kommuniziert und Erfolge wie Niederlagen stets als Team annimmt, nach ganzen Kräften zu stützen. Ein Team zu sein, in dem alle sicher, offen und ehrlich miteinander kommunizieren können sowie individuelle Stärke und Einsatz für die Gemeinschaft von allen wertgeschätzt werden. In dem alle sich gegenseitig helfen und füreinander da sind, um das bestmögliche Ziel zu erreichen, weil nach meiner Überzeugung Ziele ohnehin nur gemeinsam erreicht werden können. In dem ich jedem und jeder Einzelnen Mut mache, alle befähige und allen Vertrauen schenke und mich selbst von Integrität, Respekt und Wertschätzung leiten lasse. Ein Leadership, in dem das Ich und das Wir gemeinsam zum Erfolg führen.

Nun, es dauerte 18 Jahre, bis ich die erste Führungsebene erreicht hatte. Und bis heute hat sich an meinen früh gefundenen Führungsprinzipien im Kern nichts geändert. Mein Leadership-Stil bleibt angelehnt an die in der Führungsforschung so genannte »Servant Leadership«-Philosophie von Robert Greenleaf.[21] Servant Leadership konzentriert sich auf Zuhören, Neugierde, Empathie, Befähigung und das Wohlbefinden der Mitarbeiter und erzeugt dadurch eine starke Motivation in der Belegschaft mit positiver Wirkung auf das gesamte Unternehmen. Es wird somit ein Umfeld geschaffen, in dem jeder Mitarbeiter und jede Mitarbeiterin sich wertgeschätzt fühlt, in seinen beziehungsweise ihren Fähigkeiten gedeihen und wachsen und somit zum größeren Erfolg des Unternehmens beitragen kann. Obwohl ich mit meiner Art von Führung immer noch eine Ausnahme in den meisten Führungsetagen der

Finanzbranche bin, bleibe ich bei der positiven Einschätzung, dass ich damit und mit meiner Transformationskompetenz das Beste aus meiner DDR-Prägung und der Übernahme der demokratischen Werteordnung vereint habe. Wie würde die wirtschaftliche Landschaft in der heutigen Zeit aussehen, die geprägt ist von Klimakrise, digitaler Transformation, geopolitischen Spannungen und Folgen von Inflation, wenn es mehr ostdeutsche Führungskräfte gäbe? Menschen also, die auf signifikante Erfahrungen mit Umbruchssituationen zurückgreifen und sie in Unternehmen zum Vorteil der Mitarbeitenden einbringen könnten? Noch einmal: Wie sinnvoll ist es, auf solche Potenziale zu verzichten?

OBWOHL NACH WIE VOR EINE AUSNAHME, BLEIBE ICH BEI DER POSITIVEN EINSCHÄTZUNG, DASS ICH MIT MEINEM FÜHRUNGSSTIL DAS BESTE AUS MEINER DDR-PRÄGUNG UND DER VERINNERLICHUNG DER DEMOKRATISCHEN WERTEORDNUNG VEREINT HABE.

Das Erziehungsideal der DDR war gerichtet auf die Stärkung einer klassenlosen Gesellschaft, die den Fokus auf Gemeinschaftssinn und Verantwortung für die gemeinsamen Interessen legte und sich in kollektiver Arbeit und Solidarität manifestierte. Die DDR begriff sich als ein Staat der Arbeiter und Bauern, und Kinder- und Schulbücher verherrlichten dementsprechend physische Arbeit. Ab Klasse sieben mussten praktische Fächer belegt werden, die an die Produktion und Wehrerziehung heranführten. Die Idee der sozialistischen Gesellschaft betonte die gemeinsame Anstrengung und das kollektive Wohl sowie die dafür erforderlichen praktischen Leistungen. In der DDR wurden die Menschen ermutigt, sich gegenseitig zu unterstützen, Freizeitaktivitäten wurden kollektiv gestaltet, und auch die Wohnsituation sollte das Gemeinschaftsgefühl abbilden. Die Menschen teilten ähnliche Lebensumstände und Herausforderungen und sollten sich gemeinschaftlich für den sozialistischen Aufbau engagieren, das große, auf die Zukunft gerichtete Versprechen, das nie erfüllt wurde. Individuelle Verwirklichung und ein persönliches Warum spielten dabei absolut keine Rolle, auch wurde nie hinterfragt, warum man handelt, wie man handelt. Die SED, Staatspartei der DDR, und die Ministerin für Volksbildung, Margot Honecker, bestimmten den gesamten Aufbau des Bildungs- und Erziehungsbereichs sowie die personelle Besetzung. So wurden die ideologisch formierte Erziehung und die staatliche Regulierung des Bildungszugangs gesichert.

Die gerechtere Verteilung von Bildung und vor allem von Bildungschancen war eines der wichtigsten Versprechen, das die DDR ihren Bürgerinnen und Bürgern machte. Der Zugang zu Bildung sollte gerechter sein als im Kaiserreich und in der Weimarer Republik und auch gerechter als in der damaligen BRD. Es galt, das zuvor existierende bürgerliche Bildungsprivileg zu brechen, um Arbeitern und Bauern den Zugang zu höherer

Bildung und wichtigen Positionen zu ermöglichen, was in der Realität zwar so nie erreicht wurde, aber als Ansatz, soziale Mobilität staatlich zu implementieren, dennoch überzeugt. Was hingegen brillant gelang, war die staatliche garantierte Kinderbetreuung von frühestem Alter an. Der Grund war einfach: Die DDR brauchte als Arbeiterstaat jede einzelne Arbeitskraft.[22] Sie konnte sich keinen Fachkräftemangel leisten, daher auch nicht auf die Hälfte der Bevölkerung, also die Frauen, als Arbeitskräfte verzichten – wie es im Westen Deutschlands mit seinem Hausfrauenmodell sehr lange durchaus der Fall war. Frauen in der DDR mussten, konnten und wollten Familie mit Beruf vereinen, Geschlechtergleichheit beruhte auf staatlich notwendiger Chancengleichheit – folglich durften Bildung und Ausbildung weder von Geschlecht noch von sozialer Herkunft abhängig sein.

Die zehn Klassen umfassende polytechnische Oberschule – vergleichbar mit der heutigen Grund- und Realschule – war eine Ganztagsschule und ermöglichte es somit allen Eltern, ganztätig zu arbeiten. Die Kinder wurden durchgehend betreut, auch am Nachmittag von Lehrern bei den Hausaufgaben unterstützt. Damit also war die Nachschulbetreuung für alle Kinder gleich und – anders als im Westen – nicht abhängig von Bildung oder Zeit oder finanziellen Mitteln der Eltern. Das Frauenideal in der DDR stellte die arbeitende Mutter dar, die für ihre Vollzeitarbeit den geschlechtsunabhängigen Lohn erhielt, und noch heute weisen laut Deutschlandatlas die ostdeutschen Bundesländer höhere Beschäftigungsquoten von Frauen auf als die westdeutschen Bundesländer. Auch der Gender Pay Gap liegt im Osten um ein Vielfaches niedriger als im Westen: In manchen Städten und Regionen im Osten verdienen, abhängig von Beschäftigungsstrukturen, Frauen sogar mehr als Männer.

WARUM WURDE NACH DER WIEDERVEREINIGUNG NICHT DIE MÖGLICHKEIT GENUTZT, EINE GERECHTERE VERTEILUNG VON BILDUNG UND BILDUNGSCHANCEN ALS EINES DER POSITIVEN IDEALE VON DER DDR ZU ÜBERNEHMEN?

Hätten wir nach der Wiedervereinigung nicht eine gerechtere Verteilung von Bildung und Bildungschancen als eines der positiven Ideale von der DDR übernehmen können? Hätte dies nicht erste Weichen gestellt, um von dem spaltenden »Wir« und »Ihr« wegzukommen und ein »Das Beste für uns« zu schaffen? Nehmen wir als Beispiel die Ganztagsbetreuung von Grundschulkindern. Dem Deutschlandatlas zufolge besuchen auch heute noch durchschnittlich etwas weniger als 25 Prozent aller Grundschulkinder (sechs bis elf Jahre alt) eine ganztätige Betreuungseinrichtung, beispielsweise einen Hort – und es sind dabei signifikante regionale Unterschiede festzustellen: In den ostdeutschen Bundesländern liegt der Durchschnitt bei weit über 75 Prozent, in einigen westdeutschen Bundesländern dagegen lediglich bei zehn Prozent und darunter.[23] Und wenn »der Ganztagsausbau im Tempo der vergangenen fünf Jahre weitergeht und 80 Prozent der Schülerinnen und Schüler (einschließlich Jahrgang 10) einen Ganztagsplatz haben sollen«, so die Rechnung des Bildungsforschers Klaus Klemm, »wäre dieses Ziel in 26 Jahren erreicht«.[24] Eine wohl mehr als blamable Bilanz für unser Land, möchte ich behaupten. Warum schaffen wir es in Deutschland nicht, eine flächendeckende Kinderversorgung zu garantiere und Frauen auch im Westen damit endlich die aufgezwungene Wahl zwischen Familie und Beruf zu ersparen? Ein Ganztagsschulangebot – in vielen EU-Ländern längst Standard – ist in Deutschland nach Regionen und in Gestaltung höchst unterschiedlich organisiert. Allein die Tatsache, dass sich manche meiner Kolleginnen und Mitarbeiterinnen immer noch mit diesem Thema auseinandersetzen müssen, stellt ein Armutszeugnis dar. Insbesondere in den jüngsten Pandemiezeiten erlebte ich, wie viele berufstätige Frauen in Teilzeit gingen oder sogar ihren Beruf aufgaben, um Familie, Haushalt und Kinder organisatorisch und mental unter einen Hut bringen zu können. Warum hält unser hoffnungslos veraltetes und von Lehrermangel geplagtes Schulsystem mit im internationalen Vergleich sehr kurzen Schultagen, sehr langen Ferien und sehr vielen betreuungs- und unterrichtsfreien Tagen immer noch so zäh am westlichen Nachkriegsideal der Hausfrauen- und Mutterrolle fest?

Und nicht nur, dass berufstätige Frauen durch das derzeit in Deutschland bestehende Schulsystem nach wie vor systematisch benachteiligt werden, Gleiches gilt auch für Familien aus sogenannten unteren sozialen Schichten, beispielsweise für die beste Freundin einer ehemaligen Kollegin. Im Gegensatz zu meiner Kollegin selbst, deren Vater gutverdienender Arzt war, kam ihre Freundin aus einer einkommensschwachen und damit, wie es immer heißt, bildungsfernen Arbeiterfamilie: Sie hatte in Schulzeiten durchweg die besseren Noten erhalten und war eine eifrige und ehrgeizige Schülerin. Als es an der Zeit war, die Empfehlungen für die weiterführende Schule auszusprechen, erhielt meine Kollegin, die ein gutes Zeugnis aufwies, die erwartete Gymnasialempfehlung. Der besten Freundin dagegen wurde trotz ihres Einserschnitts der Besuch der Realschule anempfohlen, denn dort sei sie, so die geradezu perfide Begründung der Schule, sozial besser integriert und könnte auch den Lernstoff selbstständig und ohne zusätzliche Unterstützung bewältigen, was für das erfolgreiche Durchlaufen der gymnasialen Oberstufe den meisten Jugendlichen eben nicht möglich sei. Eine erschütternde und empörende Geschichte, die allerdings auch schon über 30 Jahre zurückliegt.

DEM SCHULSYSTEM DER DDR WIDERFUHR DASSELBE SCHICKSAL WIE DER GESAMTEN OSTDEUTSCHEN KULTUR UND LEBENSWEISE.

Und heute? Heutzutage müssten derart diskriminierende Mechanismen ja hoffentlich überwunden sein. Der ifo-»Ein Herz für Kinder«-Chancenmonitor 2023 klärt auf: Nur 28 Prozent der Kinder, von denen kein Elternteil über das Abitur verfügt, wechseln nach der Grundschule aufs Gymnasium. Bei

Kindern, deren Eltern beide das Abitur haben, sind es hingegen 75 Prozent.[25] Dieses sozial benachteiligende Ungleichgewicht erklärte der Soziologe Jörg Dollmann vom Mannheimer Zentrum für Europäische Sozialforschung in einem Interview folgendermaßen: »In Deutschland werden sozial-selektive Bildungsempfehlungen gegeben. Es ist ein relativ gut belegbarer Befund, dass bei gleichen schulischen Leistungen Kinder aus Familien mit einem stärkeren Bildungshintergrund eher eine Empfehlung für eine höhere Schulart bekommen als Kinder aus weniger gebildeten Elternhäusern. Lehrkräfte diskriminieren nicht ethnisch, sondern sozial.«[26] Trotz solcher und weiterer Missstände, die das dreigliedrige Schulsystem der Bundesrepublik Deutschland bekanntermaßen aufweist, wurde es auf das wiedervereinte Deutschland kurzerhand ausgedehnt, ohne die Möglichkeit einer Alternative, die das Beste aus beiden Schulsystemen zu vereinen versucht hätte, auch nur in Erwägung zu ziehen. Dem Schulsystem der DDR widerfuhr dasselbe Schicksal wie der gesamten ostdeutschen Kultur und Lebensweise.

Die allererste Aktion: Fächer wie Wehrunterricht und Staatsbürgerkunde wurden ersatzlos gestrichen. Dann wurde der Wechsel von einer eher naturwissenschaftlich-technisch und praktisch ausgerichteten Bildung zu einer generalistisch-akademischen Bildung eingeleitet. Englisch konnte von nun als Fremdsprache gewählt werden, und auch der Religionsunterricht wurde eingeführt. Schulbücher der DDR wurden natürlich größtenteils entfernt, veraltete technische Ausstattung ersetzt und Lehrpersonal aus dem Westen an die Schulen im Osten geholt. Lehrer und Lehrerinnen vor Ort, die in den Fächern »Staatsbürgerkunde«, »Russisch«, »Technisches

Zeichnen«, »Einführung in die sozialistische Produktion« oder »Produktive Arbeit« unterrichtet hatten, wurden nicht mehr gebraucht, an Lehrpersonal für die »neuen« Fächer, allen voran Fremdsprachen, mangelte es dagegen. Mit der Zeit etablierte sich also das westliche Bildungssystem auch im gesamten Osten, und nichts aus dem Schulsystem der DDR wurde beibehalten. Auch ich wurde nach meinem USA-Aufenthalt Teil dieses westlichen, für uns völlig neuen Schulsystems, durch das ich zum ersten Mal mit dem Unterschied zwischen dem Frauenbild der DDR und dem des Westens konfrontiert wurde.

Eine für mich nicht nur neue, sondern auch einigermaßen irritierende Erfahrung war, dass die Mütter vieler meiner Mitschüler nicht berufstätig waren, sondern zu Hause blieben, um sich hauptsächlich um Haushalt und Kinder zu kümmern. Eine mir völlig fremde Lebenssituation, die ich von den Familien aus dem Osten so nicht kannte. Eines Abends, als meine Mama von der Arbeit nach Hause gekommen war, kam es zwischen uns zu einem Streit über irgendetwas Belangloses. In meiner Wut beschuldigte ich sie, keine gute Mutter zu sein, weil sie nicht wie die Mütter meiner Schulfreunde immer zu Hause sei und sich um uns kümmern würde. Anders als ich es verdient hätte, entschuldigte sich meine Mama bei mir und versprach mir, sich in Zukunft mehr um mich und meinen Bruder zu kümmern. Ich mag mir heute noch nicht vorstellen, wie sehr ich sie an diesem Abend verletzt haben muss. Viel später erst wurde mir klar, was ich ihr da eigentlich an den Kopf geworfen hatte – und welches Glück es tatsächlich war, in eine Familie hineingeboren worden zu sein, in der beide Elternteile berufstätig waren, und in meiner Mutter ein Vorbild gehabt zu haben, das für meine berufliche Entwicklung von so großer Bedeutung war. Obwohl ich mich für meine Äußerung an diesem Abend immer wieder bei meiner Mutter entschuldigt habe, bleibt das einer der sehr wenigen Augenblicke in meinem Leben, von dem ich mir wünsche, ihn ungeschehen machen zu können.

ICH EMPFINDE ES HEUTE NOCH ALS GLÜCK, IN EINER FAMILIE AUFGEWACHSEN ZU SEIN, IN DER BEIDE ELTERNTEILE BERUFSTÄTIG WAREN, UND IN MEINER MUTTER EIN PRÄGENDES UND FÜR MEINEN BERUFLICHEN WEG SO ENTSCHEIDENDES VORBILD GEHABT ZU HABEN.

Mein Abitur gerade so in der Tasche, stand nun die Entscheidung für das Studium an. Mit einem Notendurchschnitt von 3,2 – der Preis des Nebenjobs – konnte ich allerdings keine wirklich großen Sprünge machen angesichts des für viele Fächer geltenden Numerus clausus. Anders als in anderen Ländern, wo neben den Schulnoten auch Motivationsschreiben, Aufnahmeprüfungen oder außerschulisches soziales Engagement für die Studienplatzvergabe berücksichtigt werden, zählt in Deutschland ausschließlich die Abiturnote. Es gilt also in konsequenter Fortführung auch hier das Prinzip: Bildungserwerb nach sozialer Herkunft – befördert wird, wer sozial privilegiert ist. Dieses »Gerechtigkeitsdefizit« im Bildungssystem wird Deutschland von zuständiger Seite ja immer wieder attestiert.

Die Umstrukturierungsmaßnahmen, die die ostdeutsche Bildungslandschaft nach der Wende erfassten, trafen natürlich auch die Universitäten. Endlich gab es freien Zugang zu internationaler wissenschaftlicher Literatur, konnte veraltete technische Infrastruktur ersetzt werden und wurden die Mittel für Forschung und Entwicklung aufgestockt. Alles zusammen stieß einen enormen Transformationsprozess an – mit Wirkung auf die Lehrkräfte. Und auch hier griff das bekannte Muster: Anstatt Wissenschaftler aus dem Osten und dem Westen Hand in Hand arbeiten und den Umbruch bewältigen zu lassen, verlor ein Großteil des bisherigen wissenschaftlichen Personals den Job. Da Fächer wie Marxismus-Leninismus im neuen Bildungskanon natürlich keine Rolle mehr spielten, wurde den Lehrenden hier kurzerhand jegliche fachliche Kompetenz abgesprochen, ganz zu schweigen von all jenen, denen eine Nähe zur Stasi und SED vorgeworfen werden konnte. Die verbliebenen Stellen wurden nach westlichem Vorbild neu ausgeschrieben, und die ehemaligen Inhaber mussten oder konnten sich darauf neu bewerben. Nichts von dem allerdings, was im Westen als Ausweis hoher fachlicher Qualifikation gilt, also wissenschaftliche Publikationen jeglicher Art, Forschungsaufenthalte im Ausland oder interdisziplinäre Kooperationen, konnten in der DDR ausgebildete Wissenschaftler aufweisen. Und ohne diese Dekorierung fielen sie bei der Besetzung hochkarätiger Stellen automatisch durchs Raster zugunsten von Bewerbern westdeutscher Herkunft. Die wiederum hatten ihre gesamten Netzwerke im Gepäck, sodass auch alle untergeordneten Ebenen durchgehend »westlich« bestückt wurden. Dirk Oschmann bringt die Nachwendestrategien im akademischen Bereich in seinem Buch *Der Osten: eine westdeutsche Erfindung* beispielhaft auf den Punkt: »An der Philosophischen Fakultät der Universität Jena sind bis Mitte der Neunziger fast alle Professuren mit Wissenschaftlern aus dem Westen neu besetzt worden«, und »fast alle aus dem Westen neu berufenen Wissenschaftler haben freilich ihre Doktoranden und Postdoktoranden aus dem Westen mitgebracht«.[27] Und wie geschildert bildete die Universität Jena damit keine Ausnahme.

DIE VERBLIEBENEN UNIVERSITÄTS-STELLEN WURDEN NACH WESTLICHEM VORBILD NEU AUSGESCHRIEBEN, UND DIE EHEMALIGEN INHABER KONNTEN SICH DARAUF NEU BEWERBEN. NICHTS VON DEM ALLERDINGS, WAS IM WESTEN ALS AUSWEIS HOHER FACHLICHER QUALIFIKATION GILT, WISSENSCHAFTLICHE PUBLIKATIONEN, FORSCHUNGS AUFENTHALTE IM AUSLAND ETC., KONNTEN IN DER DDR AUSGEBILDETE WISSENSCHAFTLER AUFWEISEN.

Doch auch Oschmanns Bilanz der aktuellen Verhältnisse fällt nicht sehr viel besser aus: »Als ich 2011 nach Leipzig kam, war ich bundesweit der erste aus dem Osten, der regulär auf eine Professur in der Neueren deutschen Literaturwissenschaft berufen worden ist«, und er muss feststellen, dass »bis heute Professoren und Professorinnen auch im Osten eigentlich fast immer aus dem Westen kommen«[28]. Ein Auswahlverfahren mit zwei Kandidaten, der eine aus dem Osten, der andere aus dem Westen, beschreibt er so: »Beide waren exzellent geeignet. Eine Professorin merkte deshalb an, dass über die mögliche Wahl, wenn hier zwischen Mann und Frau zu entscheiden wäre, gar keine Diskussion geführt würde, weil bei gleicher Qualifikation ohnehin die Frau genommen werden musste. Und obwohl durchaus ein Bewusstsein dafür vorhanden war, dass man sich aufgrund der wissenschaftspolitischen und gesellschaftlichen Lage gerade im Osten bei gleicher Qualifikation für den Ostdeutschen entscheiden sollte, votierten alle bis auf mich für den Westdeutschen.«[29] Was bedeutete das für die Zukunftsaussichten des wissenschaftlichen Nachwuchses, sprich: die Studierenden aus dem Osten? Wurde überhaupt darüber nachgedacht, ob und welche Rolle Bildung für die Überwindung bestehender sozialer Benachteiligung spielen kann?

Ich besuche den Soziologen Professor Dr. Steffen Mau in seinem Büro in der Humboldt-Universität und spreche mit ihm über die Bedeutung von Stiftungen als Ermöglicher von Bildung. Er sagt, dass es erstens bis heute nur sehr wenige Stiftungen in den ostdeutschen Bundesländern gebe und zweitens deren Art und Ausrichtung für Menschen mit ostdeutscher Biografie nicht vorteilhaft seien. Eine im Auftrag des thüringischen Wissenschaftsministeriums 2021 durchgeführte Studie der Universität Erfurt kam zu folgendem Ergebnis: Eine Partei-, Gewerkschafts- oder auch religiös verankerte Bindung ist bei Menschen im Osten deutlich seltener anzutreffen als im Westen, insofern können auch keine Kontakte zu entsprechenden Förderinstitutionen aufgebaut und deren Auswahlkriterien in den wesentlichen Punkten nicht erfüllt werden. Die Studie fand auch heraus, dass mangelnde Kenntnis und Information über bestehende Förderangebote an den Schulen, geringes Selbstvertrauen bei Jugendlichen, ein Elternhaus von geringer formaler Bildung sowie die Tatsache, dass für ein Stipendium oft Auslandsaufenthalte als Voraussetzung gelten, benachteiligende Faktoren und für zahlreiche Schulabgänger der Grund waren, den Weg ins Studium nicht zu wählen. Warum bekommen statistisch betrachtet auch heute noch Studierende aus ostdeutschen Bundesländern deutlich seltener ein Stipendium als die Westdeutschen? Die Lösung dieses Problems könnte sehr einfach sein, meint Steffen Mau in unserem Gespräch: »Wir brauchen unbedingt mehr Stiftungen im Osten Deutschlands, wofür wir die strukturellen Bedingungen schaffen müssen.« Ich kann ihm nur zustimmen, zumal ja eine insgesamt gerechtere Verteilung in allen Lebensbereichen sowie die Beseitigung sozial diskriminierender Auswahlkriterien – in der Wirtschaft auch »unconscious bias« genannt – unser Ziel sein sollten.

Zum Glück hatte ich im Jahr vor dem Abitur das High School Diploma der JFK-Schule geschafft und verfügte über exzellente Englischkenntnisse. Statt zeitfressende Wartefristen in Kauf nehmen zu müssen, konnte ich mir einen Studienort außerhalb Deutschlands, zumindest in den USA oder Großbritannien, suchen. Ich wollte unbedingt Betriebswirtschaftslehre an einer internationalen Universität in einer Großstadt studieren, und da ein Studium in den USA nicht finanzierbar war, entschied ich mich nach Rücksprache mit der Karriereberatung der JFK-Schule, nach London zu gehen. Dort war für EU-Bürger zu dieser Zeit das Studium kostenlos, und die Beraterin in der Schule unterstützte mich bei meinen Bewerbungen. Nach mehreren Angeboten entschied ich mich für ein Studium an der London South Bank University (LSBU). Weit entfernt davon, Eliteuniversität zu sein, bot sie die Vorteile, mitten in der Stadt, groß und international zu sein – alles Aspekte, die mir seinerzeit wichtiger waren als Forschung, Status oder ein Netzwerk mit Bezug zur Wirtschaft. Über diese Punkte hätte ich, wie mir nach dem Studium deutlich wurde, allerdings intensiver nachdenken müssen. Denn überall, wo ich später arbeitete, kamen die Führungskräfte und deren Schützlinge meist von den Top-Universitäten im Bereich Wirtschaft und Finanzen. Meine Uni hingegen kannte praktisch keiner in meinem beruflichen Umfeld.

TROTZ ALLER WIDRIGKEITEN BESCHWERTE ICH MICH NICHT, DENN ICH HATTE JA GELERNT, MIT WENIG AUSZUKOMMEN UND DAS BESTE AUS DEM WENIGEN ZU MACHEN.

Kein Renommee – viele Nachteile, das bekam ich in meiner Pariser Zeit deutlich zu spüren. Als Vorbereitung auf den nach dem Referendum zu erwartenden Brexit im Januar 2020 verlagerte sich mein Job als Vertriebsleiterin von London in die französische Hauptstadt. Wieder einmal musste ich neue soziale Kontakte knüpfen, diesmal noch dazu in einer für mich fremden Sprache – von meinem Schulfranzösisch war praktisch nichts mehr übriggeblieben. Da ich als Führungskraft ins Hauptquartier der Großbank wechselte, lernte ich zum Glück automatisch viele neue Kollegen und Kolleginnen kennen. Gearbeitet wurde in einem offenen Büro von der Größe eines Fußballfelds und mit dem Geräuschpegel eines Flughafens. Mein Schreibtisch stand irgendwo mittendrin, also kam in der Anfangszeit ein Kollege nach dem anderen vorbei und stellte sich vor. Auf das kurze Hallo folgte fast zwanghaft die Frage nach der besuchten Business School. Ich war damals Mitte dreißig, mein Studium lag mehr als zehn Jahre zurück, warum um alles in der Welt wurde ich nach meiner Uni gefragt? Meine höfliche Gegenfrage wurde fast durchgehend mit einem der vier Namen beantwortet: HEC, ESSEC, INSEAD und ESCP.[30] Niemand hatte jemals von meiner Universität gehört oder kannte jemanden, der oder die sie besucht hätte. Später stellte ich zudem fest, dass nicht nur sämtliche Führungskräfte, sondern auch die Kunden meiner Vertriebskollegen sich über die einschlägigen Business Schools und deren Netzwerke kannten und darüber definierten. Mir als Vertriebschefin hätte es damals sehr geholfen, auf solche Netzwerke zurückgreifen zu können. Aber schon wieder war ich die Ausnahme und dachte jetzt darüber nach, wie meine Karriere wohl verlaufen wäre, hätte ich mein Studium oder meinen Master an einer dieser Eliteunis gemacht.

London kannte ich vor Studienbeginn nur aus dem Fernsehen oder von vereinzelten Wochenendbesuchen, vom alltäglichen Leben dort hatte ich keine Ahnung. Das änderte sich schnell. Kaum eingetroffen wurde mir sofort bewusst, welch hohe Kosten mich hier erwarteten. Also suchte ich mir schleunigst einen Job als Kellnerin in einem Hotel. Aber auch damit kam ich in dieser glitzernden Stadt kaum über die Runden. Ich fand ein Zimmer in einer Zehner-WG, arbeitete jede freie Minute, schlief im Schnitt vier Stunden in der Nacht und musste die restliche Zeit nutzen, um für mein Studium zu lernen. Mein wöchentliches Essensbudget betrug zehn Pfund, was ziemlich genau für Toast, Ketchup, Pasta und Tomatensoße reichte. Nur manchmal leistete ich mir den Luxus einer Cola. Aber ich beschwerte mich nicht, denn ich hatte ja gelernt, mit wenig auszukommen und das Beste aus dem Wenigen zu machen. Mir stand kein Computer oder Laptop zur Verfügung, um meine Hausarbeiten zu Hause schreiben zu können, und auch die dafür erforderlichen Bücher konnte ich mir nicht leisten – also wurde die Bibliothek mein zweites Zuhause, in dem ich, anders als beim Abitur, auf mein sehr ambitioniertes Abschlussziel zuarbeitete.

In London war ich umgeben von Studierenden, von denen die meisten, genau wie meine Mitschüler an der JFK-Schule, ein sehr anderes Leben führten als ich. Und auch durch meinen Job kam ich zumindest oberflächlich in Kontakt mit Lebenswelten, die mir bis dahin völlig unbekannt waren. Vieles von dem, was in solchen Umgebungen selbstverständlich war, schien für mich unerreichbar, obwohl ich doch so hart arbeitete. Dennoch: So frei und ungebunden wollte ich eines Tages auch sein, und dieser feste Wunsch gab mir die Energie und mentale Stärke, immer weiterzukämpfen, egal, wie müde ich von der körperlich anstrengenden Arbeit war oder wie schief und frustrierend manche Uni-Tage verliefen. Und wenn meine Motivation mich doch einmal zu verlassen drohte, dachte ich an mein Wunschleben und an meinen festen Plan, einen Abschluss mit Auszeichnung zu erlangen. Ich hatte ja von klein auf gelernt, für den Erfolg hart zu arbeiten, und später dazugelernt, auch dafür zu kämpfen und für mich als Individuum einzustehen. Mein unbedingtes Ziel war es, führender Teil einer beruflichen Umgebung zu sein, die ich mitgestalten und somit auch mitbestimmen kann – und ein Abschluss mit Bestnote würde mir dafür die Türen öffnen. Doch »so einfach« sollte es trotz des erreichten Ziels dann doch nicht sein.

Ganz bewusst also hatte ich Deutschland für mein BWL-Studium den Rücken gekehrt, um mir verschenkte Wartezeit für einen Studienplatz in Berlin, Leipzig oder Dresden zu sparen. Hätte sich damals durch andere Auswahlkriterien als den Numerus clausus für mich eine Chance ergeben, ich wäre sehr wahrscheinlich im Osten Deutschlands geblieben, denn hier fühlte ich mich nach wie vor sehr wohl und war als 19-Jährige blind für die sozialen Ungleichheiten, die nun mit der neuen Werteordnung eingetreten waren. Müßig auch, sich die Frage zu stellen, wie sich ein Bildungsweg im heimischen Umfeld auf meinen Karriereweg ausgewirkt hätte. Allerdings bin ich der festen Überzeugung, dass Bildung und insbesondere internationale Erfahrung zwar eine wichtige Rolle bei der Besetzung von Positionen im Top-Management spielen, jedoch nicht allein entscheidend sind. Denn was ich damals nicht wusste: Bildung ist in der Wirtschaft eine Art Hygienefaktor und Mittel zum Zweck. Keine Bildung zu haben erschwert natürlich den Weg an die Spitze eines Konzerns. Umgekehrt ist aber einfach »nur« Bildung nicht automatisch Garant für bessere Karriereaussichten. Tatsächlich kommt es sehr auf die Art der Bildung an – und ich wünschte, dass es jemanden gegeben hätte, der oder die mir das vor meinem Studium gesagt hätte. Zwar bot mir mein Studium an der LSBU viele nützliche Lebenslektionen, aber ich hatte meine Studienplatzwahl nach komplett falschen Kriterien ausgerichtet.

Was ist der wesentliche Unterschied zwischen einem Schulabschluss am Internat Le Rosey – auch bekannt als »die Schulbank der Milliardäre«[31] – und einem akademisch vergleichbaren Schulabschluss am Max-Planck-Gymnasium im ehemaligen Ostberlin? Was ist der wesentliche Unterschied zwischen einem Abschluss in BWL an der Humboldt-Universität zu Berlin, ebenfalls im ehemaligen Ostberlin, und einem akademisch vergleichbaren Abschluss an der amerikanischen Harvard University in Cambridge? Ich bin sicher, hier werden die Meinungen auseinandergehen, aber jenseits des zugegebenermaßen extremen Kontrasts der gewählten Beispiele verbleibt ein genereller Gesichtspunkt: Speziell für den Bereich der Wirtschaftswissenschaften gilt die Regel, dass ein im Studium aufgebautes Netzwerk durch zum Beispiel Alumni-Veranstaltungen und -organisationen entscheidend ist für den ersten Job und damit für den Einstig in eine erfolgreiche Karriere. Aber welche Studienanfänger im Osten der Nachwendezeit hatten von solchen Dingen Kenntnis, geschweige denn Zugang zu solch fördernden Bildungsangeboten?

KAPITEL 4

KOLLEKTIVE ENTWURZE-LUNG: FLUCHTPUNKT TECHNO UND DIE SUCHE NACH IDENTITÄT

»Jetzt wächst zusammen, was zusammengehört.«

Willy Brandt

Die Locken wirbelten wild um ihr Gesicht, ihre Augen leuchteten, die Wangen glühten – ihr ganzer Körper schien eins mit den dröhnenden Beats, sie selbst nur noch im Moment, mehr in Trance als in der Realität. Die Musik war von ungezähmter Kraft, zog in ihren Bann, berührte die Tiefen der Seele. Sorgen, Ängste, Unsicherheiten – alles war vergessen, was zählte, waren nur noch das Jetzt, die Freiheit und das goldene Sonnenlicht über Berlin, das die bunte Neonkleidung der Leute regelrecht zum Leuchten brachte. Es war meine erste Loveparade: Die Straße des 17. Juni und der Platz um das Brandenburger Tor quollen über von tanzenden Menschen und pulsierendem Leben – und ich auf einem der Wagen mittendrin. Es war die größte und glücklichste Party, die ich im neu vereinten Berlin erlebt habe.

Techno war die Musik der Stunde, etwas »ungeahnt Wildes oder Ermutigendes« sei von der ersten Loveparade 1989 ausgegangen, und das Motto »Friede, Freude, Eierkuchen« war freundlicher Verweis auf die mit dem Fall der Mauer »frei werdenden Räume«, die es nun zu besetzen galt.[32] »Friede« zielte vor allem auch auf zwischenmenschliche Abrüstung, »Freude« stand für Verständigung über Tanz und Musik und »Eierkuchen« für die weltweit gerechte Verteilung von Lebensmitteln. Es war sehr viel mehr als eine Musikparty, es war ein starker Akt des Widerstands, eine Demonstration für eine neue gemeinsame Welt ohne Hunger, ohne Mauern und ohne Angst, ein Fest der Liebe. Die Loveparade wurde für mich zum ultimativen Gefühl von Freiheit: eine Freiheit, in der diverseste Menschen ihr buntes Miteinander feiern können – was sich auch in den Slogans, die inhaltlich von Umwelt, Politik über

Studentenleben bis hin zu Religion reichten, manifestierte und in der je eigenen Musik, die aus den riesigen Musikboxen der aufwendig dekorierten Fahrzeuge dröhnte. Die Loveparade wurde zu einer der bekanntesten Musikveranstaltungen der Technokultur, die zu dieser Zeit in Berlin aufblühte. Oft kamen auch Kommilitonen aus London mit, um dieses Berliner Ausnahme-Event samt neuer Szene zu erleben.

Es waren die 1990er-Jahre, die Zeit, in der wir als Teil einer neuen Kultur, der Technokultur, dem Chaos des Umbruchs zumindest momentweise entflohen und verlassene Hinterhöfe, Dachetagen, Keller, ehemalige Fabrikgebäude für uns nutzten. Aber auch jenseits der Technoszene war vieles in Bewegung. Ich erinnere mich an den Tag im Juli 1995, als ich mit meinem Vater das neueste Projekt des Künstlerpaares Christo und Jeanne-Claude, den verhüllten Reichstag, besuchte. Es war einer dieser schönen Papa-Tochter-Tage, die mir die volle Aufmerksamkeit meines Vaters schenkten. Vor dem Reichstag roch es nach frischem Gras und blühenden Blumen, lautes Vogelgezwitscher war zu hören. Wir aßen Schokoeis, unsere Lieblingssorte, bewunderten das außergewöhnliche Kunstwerk und ergatterten ein Stück des aufwendig hergestellten Verhüllungsgewebes. Danach ging es für uns zum »Tacheles«, damals ein Kunst- und Kulturhaus an der Oranienburger Straße, um eine Ausstellung in den oberen Etagen zu besuchen. Danach genossen wir im Außengelände die Sonne und unterhielten uns über meine Schule und mögliche Studiengänge, über Politik und die neu vereinte Hauptstadt, auch über Kindheitserinnerungen meines Vaters, die mich zum Nachdenken brachten. Es sind solche kostbaren Momente, für die ich für immer sehr dankbar sein werde und die mich ewig an meine Heimat erinnern werden.

ICH LIEBTE DIESE MUSIK, SIE GAB MIR KRAFT FÜR DIE MENTALE VERARBEITUNG DES ERLEBTEN UMBRUCHS, ICH KONNTE DURCH SIE EINFACH NUR SPASS HABEN UND WIEDER UNBESCHWERTER TEENAGER SEIN. FÜR DEN MOMENT VERGESSEN WAREN DIE UNSICHERHEIT VOR UNBEKANNTEM, DIE ANGST VOR KONTROLLVERLUST.

Von unserer Wohnung in der Nähe des ehemaligen Grenzübergangs Checkpoint Charlie brauchte kaum zehn Minuten zu Fuß zum »Tresor« und zum »E-Werk«, zwei Clubs, die während der Oberstufe mein zweites Zuhause waren. Das E-Werk, eine ehemalige Stromfabrik, wurde zum ultimativen Symbol für elektronische Musik, zu der wir ganze Nächte lang tanzten und deren bass-drum-betonten Rhythmus wir mit jeder Faser unseres Körpers aufnahmen. Ich liebte diese Musik, sie war ein nicht wegzudenkender Teil meiner Jugend, sie gab mir Kraft für die mentale Verarbeitung des erlebten Umbruchs, ich konnte durch sie einfach nur Spaß haben und wieder unbeschwerter Teenager sein. Für den Moment vergessen waren die Unsicherheit vor dem Unbekannten, die Sorgen um meine Eltern, die Angst vor Kontrollverlust. Stattdessen konnte ich meinen ganzen Körper von Glücksgefühlen durchströmen und eine unfassbar starke Courage in mir aufsteigen lassen. Techno wurde zu meinem Leuchtturm, der mir in emotionaler Hinsicht den Weg zeigte. Heimat ist für mich kein Ort, sondern eine Emotion, also ist Techno für mich auch Heimat.

Im E-Werk herrschte immer euphorische Stimmung, der man sich, wenn man es denn wollte, völlig hingeben konnte. Es war einer der bekanntesten Techno-Clubs weltweit, und prominente DJs aus Detroit in den USA und oder aus London reisten an, um hier aufzulegen. Das E-Werk bot die Kulisse für die wilden und aufregenden Berliner Partys, die ich so oft wie möglich besuchte. Es gab nur diesen einen Ort, an dem ich tagelang meinen Abschied von Berlin feiern wollte – schon wenige Wochen später sollte ich Deutschland für mein Studium in London fürs Erste verlassen.

Seit der Wiedervereinigung im Oktober 1990 verließen etwa 1,4 Millionen Menschen den Osten Deutschlands.[33] Besonders betroffen waren ländliche Gebiete in Sachsen-Anhalt, Mecklenburg-Vorpommern und Brandenburg, wo manchmal sogar bis zu einem Viertel der Bevölkerung abwanderte – wenig verwunderlich, gab es im Westen doch deutlich bessere Ausbildungs- und Arbeitschancen sowie höhere Gehälter. Negative Auswirkungen auf Infrastruktur, soziales Leben und insgesamt das wirtschaftliche Potenzial sowie eine spürbare Veränderung der demografischen und sozioökonomischen Strukturen waren die zwangsläufigen Folgen dieser großen

Abwanderungswelle. Den größten Anteil hierbei stellten ambitionierte junge Menschen und qualifizierte Frauen, die sich für diese Art notwendiger Existenzsicherung entschlossen, um ihrem Bedürfnis nach Freiheit und Selbstentfaltung nachzukommen. Denn von »blühenden Landschaften« im Osten, die Bundeskanzler Helmut Kohl versprochen hatte, war vorerst nicht viel zu spüren.

Rein zufällig traf ich eines Abends in London eine Frau namens Katrin, die ebenso wie ich aus der ehemaligen DDR stammte, und kam mit ihr ins Gespräch über die Zeit nach der Wende. Sie erzählte, dass ihre Mutter ihren Job als Ingenieurin verloren hatte, weil die aus Westdeutschland kommenden neuen Führungskräfte sie als nicht ausreichend qualifiziert hielten – und dass es dem Vater ähnlich ergangen sei und der Familie dadurch buchstäblich der Boden unter den Füßen weggerissen wurde. Die Eltern ließen sich nach all dem Unglück bald scheiden. Anders als der Vater, der im Osten blieb und dort in eine Abwärtsspirale geriet, wanderte die Mutter mit den Kindern in eine kleine Gemeinde im Westen aus. Das sei nicht einfach ein Umzug gewesen, meinte Katrin, sondern ein harter Bruch und Neuanfang in einem fremden Land: ein Neuanfang, den sie noch heute mit viel Schmerz, dem Gefühl völligen Fremdseins, herablassenden Sprüchen und feindseligen Bezeichnungen wie »die aus dem Osten« verbindet. Obwohl sie selbst sich als Ossi sah, integrierten sie und ihre Mutter sich mit der Zeit in diese neue Gesellschaft, und ihre Schulbildung ermöglichte ihr ein Studium in London. Die Beziehung zu ihrem Vater sei inzwischen sehr brüchig, weil ihr sein Leben und er selbst inzwischen fremd geworden seien.

Auf meine Frage, ob sie sich vorstellen könne, eines Tages in ihre Heimat zurückzukehren, erwiderte sie, dafür müsse es erst einmal wie in London ganz normal sein, dass Frauen und Ostdeutsche in entscheidende Führungspositionen gelangen können. Und sie schloss die Frage an, ob ich das für wirklich realistisch hielte. Außerdem müssten, fuhr sie fort, ohne meine Antwort abzuwarten, sich endlich mehr Unternehmen im Osten Deutschlands ansiedeln. Auch hier zeigte sie sich äußerst skeptisch im Hinblick auf die Realisierungschancen. Ihre Zukunft sei in London, betonte sie am Ende unseres Gesprächs, sie habe mit Deutschland abgeschlossen und hier in London ihre Heimat gefunden.

> DAS »SCHIEFGELAUFENE« VON DAMALS WURDE BIS HEUTE NICHT WIRKLICH BERICHTIGT, UND VIELES, WAS ALS TRENNENDES ZWISCHEN OST UND WEST AUFTAUCHTE, TRENNT UNS AUCH HEUTE NOCH.

Eine andere Geschichte: Eine Flugbegleiterin gesellte sich eines Abends in der Hotelbar in London, in der ich jobbte, nach ein paar Drinks mit ihren Kolleginnen zu mir und fragte mich in akzentfreiem Englisch, woher ich komme. Ich antwortete, dass ich ursprünglich aus Berlin stamme und hier in London studiere. »East or West?«, hakte sie sofort nach. Das war ich bis zu diesem Zeitpunkt nie gefragt worden: In London war ich stets nur »the German« gewesen und musste auch nie »den Osten« erklären. Trotz ihres akzentfreien Englisch war diese Flugbegleiterin offensichtlich Deutsche, und dementsprechend bewusst provokant teilte ich ihr deshalb mit, dass ich eine »stolze Ossi« sei. Worauf ich denn da genau stolz sei, fragte sie in einem herausfordernden Ton zurück. Ich spürte eine leichte Welle von Wut in mir aufsteigen, blieb aber ruhig, immerhin war sie Gast im Haus. Also erklärte ich ganz ruhig, dass wir im »dunklen Osten« meist einen freundlicheren Umgang miteinander pflegten als den, den ich vom Westen kennen würde. Sie schaute mich an, und mit leicht erhobener Stimme meinte sie: »Da sind meine Eltern und ich aber ganz anderer Meinung«, und erzählte mir unaufgefordert ihre ganze Geschichte, die ich mir als Barkeeperin und Servicekraft in einem Londoner Hotel höflicherweise anhören musste. Woran ich mich erinnere, ist, dass ihre Familie nach der Wende vom Westen in den Osten gezogen war, weil ihr Vater dort die Führung eines Betriebs übernommen hatte. Ihre Familie sei dort – unfreiwillig – immer fremd geblieben und habe nie wirklich dazugehört. Für sie als Jugendliche sei es sehr schwierig gewesen, neue Freunde zu finden, und sie habe die erste sich bietende Gelegenheit, nämlich ihre Ausbildung nach der Schule, genutzt, den Osten wieder zu verlassen. Für ein paar Sekunden war ich drauf und dran, etwas zu erwidern, erinnerte mich dann aber daran, dass sie Gast in diesem Londoner Fünfsternehotel war und ich nur Servicekraft, die es sich nicht wirklich leisten konnte, ihren Job aufs Spiel zu setzen. Schließlich konnte ich es mir aber doch nicht verkneifen zu sagen: »Was wundert dich daran? Zeige mir eine Kolonialmacht in der Welt, in der die

Kolonisierten sich gefreut haben, kolonisiert zu werden und die Kolonisatoren mit offenen Armen empfangen haben.«

Ich erschrak selbst über das, was da gerade aus meinem Mund herausgesprudelt war, und bereute es sofort: Ich hatte mich zu einer blöden emotionalen Reaktion hinreißen lassen, die in meiner Position alles andere als angebracht war. Ich hörte sie schon meinen Chef rufen und ihn unmittelbar die fristlose Kündigung aussprechen. Also entschuldigte ich mich bei ihr und wollte sie zur Bekräftigung meiner Worte zu ihren Getränken einladen. Sie leerte ihr Glas in einem Schluck, beglich ihre Rechnung und verabschiedete sich beim Hinausgehen mit folgendem Statement: »Mein Vater wollte helfen, dass der Osten wirtschaftlich nicht vor die Hunde geht. Meine Familie kam mit den besten Absichten, und ihr habt uns nie eine Chance gegeben. Es ist sehr viel schiefgelaufen damals. Wir alle hätten mehr miteinander reden müssen.« Bedauerlicherweise wurde das »Schiefgelaufene« von damals bis heute nicht wirklich berichtigt, und vieles, was in unserem Gespräch als Trennendes zwischen Ost und West auftauchte, trennt uns auch heute noch.

Lange Zeit später, es war im Jahr 2015 und ich anlässlich eines Kundentermins wieder einmal im Londoner Zentrum unterwegs, sprach mich ein älteres Paar an und fragte mich in einem stark sächsisch gefärbten Schulenglisch nach dem Weg zu einem bestimmten Pub. Wie zur Entschuldigung hielten sie mir dabei ein älteres Handy unter die Nase, auf dem nur der endlos laufende Ladekreis von Google Maps zu sehen war. Das Pub lag zufällig auf meinem Weg, sodass ich dem Paar – auf Deutsch – meine Begleitung anbot. Dankend nahmen sie mein

Angebot an und erzählten sofort – augenscheinlich erleichtert, mit mir deutsch sprechen zu können –, dass sie jahrelang für diese Traumreise nach London gespart hätten und unbedingt »echte englische Fish 'n' Chips« probieren wollten. Ich überlegte kurz und schlug dann vor, sie zu einem weniger touristischen Pub zu führen, in dem man das sogenannte englische Nationalgericht in deutlich besserer Qualität bekam. Auf dem Weg dorthin berichteten die beiden, dass sie nach der Wiedervereinigung ihre Lehrerjobs verloren hätten, weil ihre Qualifikationen fürs neue System angeblich nicht ausreichten, und sie daraufhin bis zu ihrer Rente ein kleines Restaurant in der Nähe von Chemnitz betreiben mussten. Als ich hörte, wie bescheiden ihre Rente ausfiel, hätte ich weinen mögen. Noch viel trauriger aber waren die Schilderungen ihrer Nachwendeerfahrungen in Chemnitz, ihrer damaligen Lebensumstände und ihres Bemühens, plötzlich in einer ganz neuen Welt anzukommen: eine neue Welt, die von Arbeitslosigkeit, sozialem Abstieg und Armut sowie Perspektivlosigkeit aufgrund fehlender wirtschaftlicher Infrastruktur geprägt war. Und in eben dieser Situation sahen sie den Nährboden für die rechtsextremistische Bewegung, die bei ihnen und in anderen Gegenden so erstarkt sei, weil den Menschen erfolgreich suggeriert werde, dass ihnen nur von dieser Seite Gehör geschenkt und Unterstützung garantiert wird. Ihrer Meinung nach hätte man schon längst dafür sorgen müssen, dass solchen Parteien und Organisationen gar nicht erst der Platz und die Aufmerksamkeit eingeräumt werden, die sie heute erhalten. Ich spürte, wie allein gelassen und von Politik und Gesellschaft vergessen sie sich fühlen mussten. Umso mehr bewunderte ich ihren positiven Glauben an die jungen Menschen, als sie mir stolz von ihrem Sohn erzählten, den sie sogar auf Demonstrationen gegen Rechtsextremismus begleiteten, um für ein neues und besseres Miteinander einzutreten.

NOCH VIEL TRAURIGER WAREN DIE SCHILDERUNGEN IHRER NACH-WENDEERFAHRUNGEN, IHRER LEBENSUMSTÄNDE UND IHRES BEMÜHENS, IN EINER GANZ NEUEN WELT ANZUKOMMEN: EINE NEUE WELT GEPRÄGT VON ARBEITSLOSIGKEIT UND PERSPEKTIVLOSIGKEIT.

Ich erzählte ihnen von meiner ersten Reise mit meinem Vater nach Dresden, um in der Semperoper die Inszenierung von Richard Wagners *Tristan und Isolde* zu sehen – bis heute meine Lieblingsoper. Ich beschrieb den unvergessenen magischen Klang und die prachtvolle Schönheit dieses Gebäudes, mit denen keines der Opernhäuser, die ich in der Zwischenzeit kennengelernt habe, mithalten kann. Sie waren noch nie in der Oper, das könnten sie sich auch gar nicht leisten, dafür erzählten sie mir wieder von ihrem Sohn, der eine Theaterkarriere anstrebe, bis jetzt aber noch ganz am Anfang stehe. Sie bedauerten es, dass er sich weigerte, die Heimat zu verlassen, um sich eine bessere Zukunft im Westen oder im Ausland aufzubauen –

denn in Sachsen seien die Möglichkeiten für kreative Berufe auch heute noch sehr begrenzt, wie überhaupt kaum noch etwas von der Pracht des Chemnitz aus dem 18. Jahrhundert zu spüren sei. Und schon sprach die ehemalige Geschichtslehrerin von den damals hier angesiedelten florierenden Baumwollwebereien und Kattundruckereien, sekundiert von ihrem Mann mit Ausführungen zur Bedeutung des frühen Maschinenbaus, der sogar Manchester als Industriestandort überholt haben soll. Die einstige Schönheit der Stadt sei nahezu restlos beseitigt, und die mit der Wiedervereinigung aufkeimenden Hoffnungen auf ein neues und wirtschaftlich starkes Chemnitz wurden so schnell, wie sie aufgekommen waren, wieder zerschlagen, auch von hier wanderte eine große Zahl an Menschen ab. Das Paar selbst blieb – trotz unguter Umstände und vieler Verletzungen –, um für das Bestehen seiner Heimat zu kämpfen, damit neue Generationen eines Tages die Chance hätten, die Stadt als ihre Heimat positiv zu erfahren. Tatsächlich musste ich im Spätsommer 2018 an dieses Rentnerpaar denken, als über die schrecklichen gewaltsamen Ausschreitungen in Chemnitz in den Medien berichtet wurde – eine gespaltene Stadt, die sich nach etlichen Umbrüchen immer noch neu orientieren muss. Leider eine von vielen im Osten. Können wir all das noch in unserer Generation aufarbeiten, oder werden erst unsere Kinder und deren Kinder einen Neuanfang wagen?

Ich sitze im Büro eines großen Unternehmens in London anlässlich der jährlichen Wirtschaftsprüfung. Einer der Vorgesetzten aus der Finanzabteilung kommt auf mich zu und fragt, ob ich als Deutsche den Film *Good Bye, Lenin!* kennen würde, den er am Tag zuvor mit seiner Familie gesehen hat. Jeder und jede Deutsche, den oder die ich kenne, egal, ob Ossi oder Wessi, kennt diesen Film, erklärte ich ihm. Seine Kinder hätten viel gelacht, meinte er weiter, seine Frau und ihn selbst hätte der Film sehr nachdenklich gemacht und sie hätten noch lang am Abend über ihre Eindrücke gesprochen. Er denke, dass die Zeit nach der Wende besonders für die Elterngeneration schwer gewesen sein muss, ob ich das bestätigen könne und was ich überhaupt von dem Film und seiner Aussage halten würde. Ich überlegte kurz, ob ich wirklich darauf eingehen sollte, Zeit und Arbeit drängten eigentlich. Andererseits war es das erste Mal, dass mich jemand aus meinem beruflichen Umfeld in London auf meine Herkunft angesprochen hatte. Also fragte ich ihn zunächst, warum ihn das Thema so interessiere. Und er begann, mir seine Geschichte zu erzählen.

Seine Eltern hätten Indien verlassen und seien nach London gegangen, vor allem, weil sie ihren Kindern dort eine bessere Zukunft bieten wollten. Er selbst sei hier in London geboren und habe eine Engländerin geheiratet. London sei zwar durch und durch seine Heimat, dennoch fühle er in sich auch etwas von seiner indischen Identität. Bei aller Internationalität, die London auszeichne, und trotz der großen indischen Community hätten sich seine Eltern hier nie wirklich zu Hause gefühlt und immer versucht, ein »kleines Indien« bei sich zu Hause aufrechtzuerhalten, um sich so ihre Stabilität in der ihnen fremd gebliebenen Außenwelt zu bewahren und ihrem Ursprung treu zu bleiben. Der Film nun habe, obwohl ihn mit dem Osten Deutschlands überhaupt nichts verbinde, merkwürdigerweise die ganzen Erinnerungen aus seiner Kindheit geweckt. Wir unterhielten uns noch eine Weile über unsere Vergangenheit, und ich stellte dabei fest, dass wir, so unterschiedlich wir kulturell sozialisiert waren, offensichtlich doch wesentliche Erfahrungen teilten. Er fragte mich noch einmal, wie der Film insbesondere in Deutschland verstanden und wahrgenommen wurde.

ANSTATT DIE DEN MENSCHEN VERTRAUTE WELT EINFACH BRACHIAL ZUSAMMENBRECHEN ZU LASSEN, HÄTTE IN EINEM GEMEINSAM UND VIEL BEHUTSAMER GESTEUERTEN PROZESS DER OSTEN WENIGSTENS IN TEILEN AUFRECHTERHALTEN, VIELLEICHT SOGAR NORMBILDEND WERDEN KÖNNEN.

Aus meiner Sicht zeichnet der Film die Möglichkeit eines alternativen Umbruchs in Deutschland, der vor allem in deutlich geringerer Geschwindigkeit und mit mehr Raum für Experimente hätte verlaufen können. Die Menschen im Osten wurden quasi über Nacht Teil des anderen Deutschland, für den sie ihre gewohnten Werte und Normen, die für sie »Heimat« bedeuteten, ablegen mussten. Anstatt eine vertraute Welt für die Menschen einfach brachial zusammenbrechen zu lassen und ihnen damit ein großes Stück sozialer Identität zu nehmen, hätte in einem gemeinsam gesteuerten behutsameren Prozess der Osten wenigstens in Teilen aufrechterhalten werden und in der einen oder anderen Hinsicht vielleicht sogar normbildend sein können. Auf diesem Wege zu einer echten Einheit zu finden hätte am Ende womöglich nicht ganz so viel Leid und daraus Widerstand erzeugt. Abschließend fragte ich meinen Gesprächspartner noch, ob er eines Tages nach Indien zurückgehen werde. Er wisse es noch nicht, meinte er, aber irgendetwas ziehe ihn mit zunehmendem Alter mehr und mehr in das Land seiner Eltern. Er fühle sich so, als ob ein wesentliches Puzzleteil zu seiner Identität noch fehle, das er dort finden werde. Damit stand er auf, bedankte sich für unser Gespräch und auch dafür, dass ich mit meinen Gedanken und Schilderungen sein Interesse für den Osten Deutschlands geweckt habe, den er mit seiner Familie nun irgendwann bereisen werde. Darüber freute ich mich wirklich sehr, denn es gibt so viele schöne Flecken dort zu entdecken. An diesem Abend fragte ich mich noch, wie viele Westdeutsche seit der Wende den Osten überhaupt schon einmal besucht oder womöglich gar intensiv bereist haben, wie viele wenigstens Helmstedt/Marienborn kennen, den damals größten innerdeutschen Grenzübergang, der heute Gedenkstätte mit viel historischer Erinnerungskultur ist.

Aufgrund zahlreicher politischer und sozialer Konflikte weltweit verzeichneten wir in Ostdeutschland seit der letzten großen Abwanderungswelle um die Jahrtausendwende auch wieder Zuzüge: aus dem Westen wie aus dem Ausland. Wie viele »Zuzüge aus dem Westen« Rückkehrer waren beziehungsweise welche Gründe es für Rückkehr gab, ist schwer zu ermitteln. Ich jedenfalls war eine Rückkehrerin. Ende 2016 kam ich nach Berlin zurück, weil es meinem Vater gesundheitlich nicht gut ging und ich so viel Zeit wie nur möglich mit ihm verbringen wollte. In Berlin gab es keinen Job, der meinen Qualifikationen und Zielen entsprach, also zog ich jobbedingt nach München. Ich kannte niemanden in München, war zu der Zeit Single und musste mir nach London und Paris wieder einmal ein neues soziales Umfeld aufbauen. Von München als drittgrößter Stadt Deutschlands – und eine sehr schöne noch dazu – und seinen Menschen hatte ich bestimmte Vorstellungen, ich war geschäftlich auch häufig schon dort gewesen. Aber eine Stadt lediglich für einige Tage, sei es auch regelmäßig, zu besuchen, dabei von Termin zu Termin zu hetzen und die restliche Zeit im Hotel zu schlafen, ist eine Sache. Eine ganz andere ist es, sich wirklich nieder- und auf das Leben dort einzulassen. Und doch war ich überrascht, nach über 30 Jahren deutscher Wiedervereinigung immer noch auf so bekannte wie überkommene Vorurteile zu treffen. Nachdem ich mich in der Zwischenzeit rund 19 Jahre im Ausland aufgehalten hatte und das Ost-West-Thema für mich persönlich längst keines mehr war, hatte ich damit nicht gerechnet. Aber es wurde erneut zu meinem Thema. Jetzt war ich nicht mehr wie in London »the German« oder in Paris »l'Allemande«, sondern wie gehabt »die aus dem Osten«.

Das alte Stigma »ostdeutsche Herkunft« also – lebendig wie eh und je. Und nicht nur in München, auch in anderen Finanz- und Industriemetropolen im Westen begegneten mir erstaunlich häufig Vorurteile sowie Litaneien von Vorwürfen und Kritik zu angeblich typisch ostdeutscher Mentalität wie ewiges Jammern, renitente Faulheit und rechtsextremistische Einstellungen. Und nicht zu vergessen die an Plumpheit nicht zu überbietenden Bananenwitze, die ich in London nie gehört hatte. Anfangs machten mich diese Erfahrungen noch wütend, aber allmählich wurde mir klar, dass die meisten dieser »kompetenten« Kritiker den Osten überhaupt nicht kannten. Ich war nur Folie für ihre Projektionen, verkörperte die recht freihändig gezeichneten Merkmale des typischen Ostdeutschen, die zwar gewichtig als Nachwirkungen und Spuren der DDR-Zeit identifiziert, am Ende aber nichts anderes waren als banale Klischees. Es interessierte auch niemanden, dass ich aus Ostberlin stamme, das sich schon vor der Wende sehr unterschieden hat von beispielsweise Sachsen – und zwar ebenso, wie im Westen zu Recht auf den kulturellen Unterschieden zwischen – zum Beispiel – Bayern und Nordrhein-Westfalen bestanden wird. Egal – als »die aus dem Osten« stand ich auf einmal für 20 Prozent der gesamtdeutschen Bevölkerung. Die sozial und kulturell entwertende Abgrenzung funktionierte immer noch bestens, und unverändert kursierten unglaubliche Missverständnisse über den Osten, die offensichtlich nicht aus der Welt zu schaffen waren. Auch nach so vielen Jahren bestimmten Missbilligung und Vorurteile den Umgang miteinander, lagen echte Annäherung, geschweige denn echte Akzeptanz in weiter Ferne. Bleibt die leise Hoffnung, dass wenigstens im Geschichtsunterricht die Uhr weitergelaufen ist und mittlerweile unterschiedliche Blickwinkel beleuchtet werden, damit wenigstens die nachfolgenden Generationen die Chance erhalten, endlich zu einem realistischeren Bild und damit vielleicht echten gemeinsamen Deutschland zu finden.

ALS »DIE AUS DEM OSTEN« STAND ICH AUF EINMAL FÜR 20 PROZENT DER GESAMT-DEUTSCHEN BEVÖLKERUNG.

Selbst Lapidares wie die Mundart provoziert heute noch Ablehnung und abfällige Bemerkungen. Ich solle bitte aufhören zu berlinern, weil es »echt hässlich« sei, bekam ich oft als Reaktion auf meine Wortbeiträge zu hören. Eine Headhunterin aus der Finanzbranche gab mir daher auch schon früh den Tipp, meiner Dialektfärbung möglichst gänzlich zu entsagen, weil sie sich im Hinblick auf meine Vorstandsambitionen, egal, ob in München oder in Frankfurt, als klarer Nachteil erweisen könnte. Und wie es sich mit bayrischem oder schwäbischem Dialekt verhalte, fragte ich sie daraufhin. Kein Problem, die seien beide durchaus positiv konnotiert, sogar wenn es um Vorstandsposten ginge, erklärte sie. Nach welchen geheimen Regeln und Übereinkünften werden derartige Auswahlmuster zugeschnitten?

Im letzten Studiensemester an der London South Bank University hatte ich das Fach »Life and Career Development« als Wahlfach belegt. In einem der Module ging es um die Karriere von Frauen und die sogenannte gläserne Decke. Die Dozentin erklärte anhand von Fachliteratur und Beispielen aus der Praxis, dass es für Frauen anders als für Männer beim Aufstieg in Führungspositionen so etwas wie eine gläserne Decke gebe, und sie erläuterte die Bedeutung der Metapher. In der anschließenden Diskussion war ich die Einzige, die dieser

These heftig widersprach und meinte, darin eine Ausrede für Frauen zu erkennen, die keine Ziele hätten oder nicht hart genug dafür arbeiteten. Die Dozentin erkundigte sich, ob ich neben dem Studium jobben würde, und sie wollte auf mein Ja hin wissen, ob sich im Top-Management meines Arbeitgebers auch weibliche Mitglieder befänden. Ich dachte kurz nach – und ja, es stimmte, alle großen Chefs und auch mein direkter Vorgesetzter waren männlich, was ich mit den extrem ungünstigen Arbeitszeiten im Hotelgewerbe begründete, die für Frauen und insbesondere Mütter im Hinblick auf eine Karriere wohl eher abschreckend wirkten. Ich argumentierte, dass die gläserne Decke ein veraltetes akademisches Konstrukt sei und die Wirklichkeit ganz anders aussehe. So, wie ich sie eben aus der DDR kannte: Weibliche Vorgesetzte, von denen es sehr viele gab, waren eine Selbstverständlichkeit. Später verstand ich, dass sie recht hatte, und musste ihr meine Naivität eingestehen, als wir uns lange nach meinem Uni-Abschluss wiedersahen. Aber gab es die gläserne Decke außer für Frauen nicht auch für Führungskräfte ostdeutscher Herkunft?

Mit Stand Februar 2024 gibt es im Osten ein DAX-Unternehmen von insgesamt deutschlandweit 40, vier MDAX-Unternehmen von insgesamt deutschlandweit 50 und vier SDAX-Unternehmen von insgesamt deutschlandweit 70.[34] Und passend hierzu wird in einer Studie des Instituts für Wirtschaftsforschung Halle die Schieflage bezogen auf Spitzenführungskräfte ostdeutscher Herkunft wie folgt begründet: »Woran es in den Neuen Ländern mangelt, sind große Unternehmen mit strategischen Unternehmensfunktionen.«[35] Im 30. Jubiläumsjahr des Mauerfalls, 2019, gab es genau vier DAX-Vorstände ostdeutscher Herkunft: drei Frauen und ein Mann.[36] Volkswagen-Rechtsvorständin Hiltrud Werner bemerkte in einem *FAZ*-Artikel: »Die Jahre nach der Wiedervereinigung waren eine systematische Deindustrialisierung der DDR«, auch weil die Treuhand »das Volkseigentum teils verramscht« habe und so manche Abenteurer aus dem Westen »ihren Reibach gemacht« hätten – was langfristig die Saat für Rechtsextremismus gelegt habe, die, inzwischen aufgegangen, »zunehmend zum Problem, auch in den Betrieben« werde.[37] Selbst Amerikaner, Briten und andere Westeuropäer sitzen öfter im Vorstand von DAX-Unternehmen als Ostdeutsche, die man unter Vorstandsvorsitzenden oder Aufsichtsratsvorsitzenden in DAX-Unternehmen völlig vergebens sucht. Laut *Märkische Allgemeine Zeitung* meint Olaf Scholz, dass es 2050 ostdeutsche DAX-Konzerne geben werde, womit er auf eine Industrialisierung im Osten setzt.[38] Wir Wendekinder werden dann zwar in Rente sein, aber es besteht ja hoffentlich Aussicht, dass dann wenigstens unsere Kinder endlich repräsentativ in die Eliten aufsteigen werden.

EINE SCHIEFLAGE GIBT ES AUCH NICHT NUR BEI DEN TOP-POSITIONEN IN DER WIRTSCHAFT, SIE IST EBENSO VORHANDEN IN SACHEN GEHÄLTER, PRIVATVERMÖGEN ODER ERBE.

Eine Schieflage gibt es auch nicht nur bei den Top-Positionen, sondern ebenso in Sachen Gehälter, Privatvermögen oder Erbe.

Ich kenne niemanden aus meinem ehemaligen Umfeld im Osten, der erben wird. Auch ich werde nichts erben und musste mir meine Eigentumswohnung und meine anderen Vermögenswerte im Leben selbstständig finanzieren. Insgesamt betrugen Einnahmen aus Erbschaftsteuern in Deutschland in 2022 9,3 Milliarden Euro.[39] Es ist schwierig, eine exakte Aufteilung nach Ost und West zu berechnen, weil für Berlin keine Zahlen zugänglich sind, aber für den Osten wird sich, gemessen am gesamtdeutschen Aufkommen, der Anteil prozentual im niedrigen einstelligen Bereich bewegen. Auch das Deutsche Institut für Wirtschaftsforschung kommt zu der Feststellung, dass nach über 30 Jahren Wiedervereinigung »der durchschnittliche Haushalt West mehr als doppelt so wohlhabend [ist] wie der durchschnittliche Haushalt Ost«.[40] Im selben Zusammenhang wird die Sozialhistorikerin Kerstin Brückweh von der Bundeszentrale für politische Bildung zitiert: »In der DDR war das Volkseigentum zwar offiziell hochgeschätzt, das Privateigentum hingegen alles andere als unbedeutend. Die Vorgaben und das Handeln des Regimes hatten aber Auswirkungen auf die Ausgestaltung des Eigentums im Privaten und sorgten für bis heute andauernde messbare Unterschiede zwischen Ost- und Westdeutschland.«[41] Messbare Unterschiede wurden auch bezüglich des Gehaltsniveaus festgestellt. Obwohl Geld in Deutschland generell ein heikles Thema und hinsichtlich finanzieller Bildung noch besonders viel zu tun ist, müssen wir mit dem Tabu »Über Geld spricht man nicht« brechen und endlich offen darüber reden, um Transparenz zu schaffen für dringend nötige Veränderungen.

Jetzt kann man sich vielleicht fragen, wie diese Schieflage sich so beständig hat halten können, wo wir doch immerhin eine Frau aus Ostdeutschland 16 Jahre lang als Bundeskanzlerin, einen ostdeutschen Bundespräsidenten als Staatsoberhaupt und, ja, auch einen Fußballkapitän ostdeutscher Herkunft hatten. Es liegt, so viel wird man sagen können, eben doch nicht an einzelnen Personen, einen umfassenden, gesamtgesellschaftlich wirksamen Kulturwandel herbeizuführen. Dazu braucht es schon die ganze Gemeinschaft, die in diesem Fall idealerweise repräsentativ für den Osten wie für den Westen stehen und für Veränderungen sich einsetzen sollte. Solange die Eliten nahezu ausschließlich männlich, weiß und westlich geprägt sind, ist es kaum verwunderlich, wenn nach typisierenden Vorgaben die entscheidenden Stellen in Wirtschaft, Politik und Zivilgesellschaft nachbesetzt werden und sich folglich kaum etwas bis nichts ändern kann. Soziale Ungleichheit zu beseitigen kann nicht nur als politische Aufgabe gesehen werden, die Aufforderung dazu richtet sich ebenso an die Zivilgesellschaft und die Wirtschaft. Die DDR existierte 40 Jahre lang, wir befinden uns im 34. Jahr nach der Wende – und wir sind tatsächlich noch immer auf der Suche nach einer gerechten gesamtdeutschen Perspektive? Wie lange wollen wir so weitermachen, die Schieflage und damit den ungleichen Hindernislauf zum Aufstieg sowie die überkommene Vorstandsformel hinnehmen? Wann endlich werden wir es schaffen, absurde und vollkommen intransparente Auswahlkriterien wie den »Stallgeruch« zu beseitigen zugunsten transparent und rational überprüfbarer Kompetenzen und Leadership-Qualitäten?

KAPITEL 5

EINE FRAGE DER HERKUNFT: VON STALL-GERUCH UND SOZIALEM KAPITAL

»Du hast die gleichen Chancen! Ein Märchen.«

Charta der Vielfalt e.V.

Der Regen prasselte gegen die Fensterscheiben des kleinen Cafés, in dem eine junge Frau saß und, offensichtlich tief enttäuscht, auf ihren Kaffee starrte. Wie jeden Morgen hatte sie ihre E-Mails gecheckt und wie fast jeden Tag in den vergangenen Wochen nur unpersönliche Absagen erhalten. Sie hatte seit kurzem ihren Universitätsabschluss in der Tasche, und es wurde für sie höchste Zeit, den ersten richtigen Job zu bekommen. Anders als viele ihrer Kommilitonen, die sich durch Praktika oder das Netzwerk ihrer Eltern bereits vor Studienabschluss einen Job in einem Unternehmen gesichert hatten, stand ihr diese Option nicht zur Verfügung. Sie musste neben ihrem Studium Geld verdienen, konnte sich also die Zeit unbezahlter Vollzeitpraktika schlicht nicht leisten. Ihr Nebenjob hatte sie zu sehr beansprucht, um in Kontakte mit potenziellen Arbeitgebern investieren oder sich schon ernsthaft um Bewerbungen kümmern zu können. Sie war froh, in ihrer Studienzeit einigermaßen über die Runden gekommen zu sein und, dank kurz gehaltener Ruhe- und Schlafphasen, das Lernen nicht allzu oft und allzu zu sehr vernachlässigt zu haben. Ihre Eltern konnten sie kaum anders als durch ihren festen Glauben an sie und an ihren Erfolg unterstützten, da ihnen für den Bereich, in dem sie arbeiten wollte, Erfahrungen, Kenntnisse und Netzwerke vollkommen fehlten. Sie war also das ganze Studium über auf sich allein gestellt und hatte sich entschieden, in ihre Leistung mehr als in alles andere zu investieren, denn sie war fest davon überzeugt, nach einem Abschluss mit Auszeichnung den Berufseinstieg in ein Unternehmen ihrer Wahl zu schaffen. Wir befinden uns im Jahr 2001, und bei dieser sehr naiven jungen Frau handelt es sich – natürlich – um mich.

Meine Wünsche und Vorstellungen aus der Zeit des Studiums hätten von der dann hart erfahrenen Realität nicht weiter entfernt sein können.

Ich hatte bestimmt mehr als 100 Bewerbungen geschrieben – an Banken oder Finanzunternehmen, die ich in Deutschland und in London online finden konnte. Bei einigen lief die Anfrage über ein internes Bewerberportal für das Graduate Program, bei anderen bewarb ich mich direkt auf ausgeschriebenen Stellen oder wandte mich mit einer Initiativbewerbung an die jeweiligen Personalabteilungen. Jede einzelne Bewerbung, die ich versandte, ließ wieder Hoffnung und Zuversicht aufkeimen, dass ich nun bald meine Karriere im Vertrieb würde starten können. Doch jedes Mal kam entweder zügig eine automatisierte Absage oder auch gar keine Antwort. Was machte ich nur falsch? Lag es an der Art meiner Bewerbungsschreiben, die vielleicht irgendwelchen mir unbekannten Anforderungen nicht entsprach und meine Motivation und Qualifikation nicht zum Ausdruck brachten? War es vielleicht auch mein schlechter Abiturschnitt? Aber der dürfte wohl nach meinem Abschluss mit Bestnote – erreicht nur von einem Prozent meines Jahrgangs – keine Rolle mehr spielen. Oder doch? Vielleicht lag es auch an meinen Lebenslauf, der irgendwelche Leistungsprofile nicht erfüllte. Oder es waren die fehlenden Praktika, die eben doch wichtiger waren als ich dachte. Sollte meine faktische Leistung überhaupt nicht zählen? Ich verstand die Welt nicht und hatte niemanden, den ich bitten konnte, mir zu helfen. Wohl keiner meiner damaligen Kommilitonen hatte so hart dafür gearbeitet wie ich, Bewerbungen bei all diesen Arbeitgebern einreichen zu können.

DAS PRÄDIKAT »OSTDEUTSCH« WAR GANZ OFFENSICHTLICH NICHT DAZU ANGETAN, DIE POSITION IN DER GESELLSCHAFT MIT PRESTIGE ZU VERSEHEN, ES ERWIES SICH IM GEGENTEIL EHER ALS UNSICHTBARE FESSEL.

Eine schwedische Kommilitonin, die ich mittlerweile als meine beste Freundin bezeichne, riet mir, mich nicht bei Banken oder anderen Finanzunternehmen, sondern bei kleineren Wirtschaftsprüfergesellschaften zu bewerben. Hier seien die Chancen besser, ohne Netzwerk oder Unterstützer wenigstens zum Erstgespräch eingeladen zu werden. Ihrer Erfahrung nach richteten sie die Bewerberauswahl nicht zwangsläufig nach Eliteuniversitätsabschluss oder ähnlichen Referenzen. Ich verstand nicht wirklich, was sie meinte. Warum sollte es einen Unterschied machen, wo ich meinen Abschluss gemacht hatte, worin sollte sich mein Wissen unterscheiden von dem, das an einer Eliteuni vermittelt wurde. Das Wissen und die im Studium angeeignete Kompetenz seien nicht der Punkt, meinte meine Freundin, mir fehle schlicht das Prädikat einer Eliteausbildung und deswegen bekäme ich all diese Absagen. Dann sprach sie noch von einem Defizit an kulturellem Kapital, ein Begriff, den ich zum ersten Mal hörte. Aber sie sollte recht behalten: Nach nur wenigen Bewerbungen bei ausgewählten Wirtschaftsprüfergesellschaften erhielt ich endlich einen Job und startete als Audit Junior in einem mittelständischen

Unternehmen. Mit Vertrieb hatte meine Arbeit erstmal nichts zu tun, aber wenigstens war nun mein Wunsch nach ökonomischer Sicherheit erfüllt, auch musste ich mich nicht mehr als komplette Versagerin fühlen.

Irgendwann später stieß ich auf den französischen Soziologen Pierre Bourdieu und sein Modell der sozialen Chancengleichheit und der vier klassenbildenden Kapitalarten, zu denen das ökonomische Kapital zählt, sprich: die finanziellen Ressourcen und der materielle Reichtum, das von der Kommilitonin erwähnte kulturelle Kapital, das Bildung, Fähigkeiten und Wissen umfasst, das soziale Kapital, das die Zugehörigkeit zu einer Gruppe meint, die in Form eines festen Netzwerks und institutionalisierter Beziehungen zusätzliches Kapital mobilisieren hilft, und schließlich das symbolische Kapital, das auf Ansehen, Prestige, vorhandene Titel oder Stil und Verhalten einer Person zielt und in dem alle Kapitalarten zusammenwirken.[42] Die gesellschaftliche Aufteilung in Klassen geht Bourdieu zufolge auf die »unterschiedliche Verfügung über die vier Kapitalsorten« zurück, deren Dimension wiederum entscheidend abhängt von der Möglichkeit zur Akkumulation von Kapital. Zur Veranschaulichung seines Ansatzes über Chancengleichheit wählte er in seinem Buch *Bildungs- und Erziehungssoziologie* den Vergleich mit dem Glücksspiel: »Beim Roulette z.B. kann in kürzester Zeit ein ganzes Vermögen gewonnen und damit gewissermaßen in einem einzigen Augenblick ein neuer sozialer Status erlangt werden; im nächsten Augenblick kann dieser Gewinn aber bereits wieder aufs Spiel gesetzt und vernichtet werden. Das Roulette entspricht ziemlich genau dem Bild eines Universums vollkommener [...]

Konkurrenz und Chancengleichheit, einer Welt ohne Trägheit, ohne Akkumulation und ohne Vererbung von erworbenen Besitztümern und Eigenschaften. Jeder Augenblick wäre dort vollkommen unabhängig von allen vorausgegangenen.«[43] Welche dieser Kapitalarten waren für Menschen aus dem Osten zugänglich und akkumulierbar? Zumindest das Prädikat »ostdeutsch« und der »Berliner Dialekt« schienen ganz offensichtlich nicht dazu angetan, die Position in der Gesellschaft mit Prestige zu versehen, sie erwiesen sich im Gegenteil eher als unsichtbare Fesseln.

Vor einigen Jahren kam ich durch eine Anfrage über LinkedIn in Kontakt mit einer Frau, die für ihre neu gegründete Firma auf der Suche nach einem passenden Geschäftspartner war. Ich war von ihrem Geschäftsmodell überzeugt, das sich vor allem an Frauen mit Bedarf an finanzieller Bildung richtet, weil sie für sich zum Beispiel eine adäquate Altersvorsorge aufbauen wollen. Die Frau war nigerianischer Abstammung und sprach nur Englisch, hatte einen MBA einer renommierten deutschen Universität und in London bei bekannten Investmentbanken gearbeitet. Bei unserem ersten Kennenlerngespräch erzählte sie mir von den unglaublichen Hürden, die sie in Deutschland allein für den Start ihres Geschäfts zu überwinden hatte. Ich unterstützte sie so gut ich konnte, wusste aber, dass sie, ebenso wie ich bei meinem Karriereeinstieg, ein erhebliches Defizit in den meisten Kapitalarten aufwies, die aber zwingend Voraussetzung waren, um in Deutschland im Jahr 2022 Erfolg zu haben. Umso mehr bewundere ich auch heute noch ihre Resilienz und ihren unermüdlichen Kampfgeist, ihren Traum trotz aller Hindernisse nicht aufzugeben.

Die eigene Erfahrung hatte sie gelehrt, wie wichtig finanzielle Bildung insbesondere für Frauen ist, sie mit ihrem Unternehmen also durchaus in eine Lücke springen könnte. Auf einer gemeinsam besuchten Firmenveranstaltung über Diversität stellte sie mich einer Gesprächspartnerin als »Vorständin und erste deutsche Frau« vor, »die bei meiner Firmengründung an mich geglaubt hat und mich unterstützte«. Dabei war mir als ostdeutscher Frau aus eigener Erfahrung nur sehr wohl bewusst, wie gut sie meine Hilfe gebrauchen könnte. Trotz allem gebe ich die Hoffnung nicht auf und setze mich dafür ein, dass meine heute 13-jährige Nichte eines Tages nicht mehr verstehen wird, wovon wir an diesem Abend eigentlich gesprochen haben.

ICH HABE NOCH NIE VON AUCH NUR EINEM EINZIGEN PRAKTIKANTEN AUS OSTDEUTSCHLAND GEHÖRT, DER ALS PROTEGÉ EINEN PRAKTIKUMSPLATZ BEKOMMEN HÄTTE.

Vor Monaten stieß ich in der *WirtschaftsWoche* auf einen Artikel mit dem Titel »Karrierefaktor Stallgeruch«[44], ein Begriff, der auf Wikipedia wie folgt definiert ist: »Stallgeruch bezeichnet im übertragenen Sinne das soziale Milieu eines Individuums, also seine Herkunft oder langfristige Zugehörigkeit zu einer Gruppe, einem Unternehmen oder einer Familie, wobei es sich meist um gesellschaftliche Eliten handelt.« Im Artikel der *WirtschaftsWoche* wird ein verständlicherweise anonym bleibender Interviewpartner zitiert: »Auf dem Arbeitsmarkt entscheidet später nicht, was man weiß, sondern: wen man kennt.« Wie exakt damit die Vergaberegeln insbesondere für Führungspositionen beschrieben sind, die formal zwar Kompetenz verlangen, damit aber oft nur die de facto entscheidenden Prestige- und Verpflichtungsaspekte kaschieren, durfte ich selbst ziemlich früh in meiner Karriere erleben. Ich sollte auf Geheiß meines damaligen Vorgesetzten für die Bank einen Praktikanten einstellen, der mich bei administrativen Aufgaben unterstützt. Nachdem ich nach sorgfältiger Prüfung eine Wahl getroffen und sie meinem Vorgesetzten mitgeteilt hatte, lehnte dieser meinen Vorschlag unvermittelt ab. Er habe, so seine ganz offenherzige Begründung, einem wichtigen Kunden zugesagt, dessen Sohn eine Praktikantenstelle bei uns zu verschaffen. Mein kurzer Anlauf, ihn von den Qualitäten meines Kandidaten doch noch zu überzeugen, wurde abrupt durch Blick und Worte gestoppt: Ich solle doch bitte realistisch und vernünftig bleiben, schließlich wisse ich ja wohl, von wem hauptsächlich unsere Gehälter bezahlt würden. Ich habe noch nie von auch nur einem einzigen Praktikanten aus Ostdeutschland gehört, der auf diese Weise einen Praktikumsplatz bekommen hätte.

Für das Jahr 2001 war es ein auffallend diverser Jahrgang, der die Qualifikation zum Wirtschaftsprüfer durchlief: Quereinsteiger, Hochschulabsolventen verschiedenster Herkunft und Hautfarbe, Teilnehmer wie ich, die aus dem Ausland kamen, und des Weiteren Absolventen von Eliteuniversitäten – ein bunter Mix in gemeinsamer Vorbereitung auf das Examen.

Auch was das Geschlecht anging, war die Verteilung in etwa gleichmäßig. Diese gelebte Diversität fand sich ebenfalls auf der Partnerebene der Wirtschaftsprüfergesellschaft, die zwei Sparten hatte: Versicherungen und Industrie, auf die wir je nach Sprachkenntnissen aufgeteilt wurden. Wer nur Englisch sprach, wurde der Versicherungssparte zugeteilt, wer mehrsprachig war, der Industriesparte. Befördert wurden diejenigen von uns, die die Prüfungen bestanden und auch Erfahrungen im Umgang mit Kunden gesammelt hatten, was Voraussetzung war für die nächste Karrierestufe. Bis zur Vergabe der sogenannten ACA, der Associate Chartered Accountant durch die Berufskammer, zählte zumindest in diesem Unternehmen wahrhaftig Leistung. Ich erhielt relativ schnell die Möglichkeit, die Juniors der neuen Jahrgänge selbst zu führen und mit der Zeit auch Prüfungen oder Teilprüfungen von Industrieunternehmen abzunehmen. Dennoch: Subtile und auch sichtbare Unterschiede kamen auch hier zur Wirkung. Sozial privilegiertere Kollegen pflegten eine ganz andere Sprechweise als ich, ein deutlich souveräneres und selbstbewussteres Auftreten gegenüber Vorgesetzten und Kunden, einen anderen Kleidungsstil, andere Umgangsformen. Es war ein merkbarer Unterschied in Persönlichkeitswirkung, Art der Kommunikation und gesamter Ausstrahlung. Jahre später lernte ich den Fachterminus dafür: »Executive Presence« oder eben, mit Bourdieu gesprochen, symbolisches Kapital, das gewöhnlich durch die Lotterie der Geburt in die Wiege gelegt ist – was auf mich wie auf viele andere Ostdeutsche mit Führungskompetenz definitiv nicht zutrifft.

MIT »EXECUTIVE PRESENCE« ODER SYMBOLISCHEM KAPITAL – GEWÖHNLICH DURCH DIE LOTTERIE DER GEBURT IN DIE WIEGE GELEGT – BIN ICH WIE VIELE ANDERE OSTDEUTSCHE MIT FÜHRUNGSKOMPETENZ DEFINITIV NICHT AUSGESTATTET WORDEN.

Dazu eine Geschichte, die mir eine gute Bekannte, die Führungskraft im mittleren Management einer größeren Investmentbank ist, einmal erzählte. Sie hatte zusammen mit einem jungen Mitarbeiter einen Termin für ein erstes Meeting mit einem potenziellen Neukunden. Den Mitarbeiter hatte sie zur Rezeption geschickt, um den Kunden dort abzuholen und in den gebuchten Meetingraum zu führen. Als sie wenig später auch dort eintraf, fand sie den Junior mit dem Kunden in angeregter Konversation über Tontaubenschießen vor. Sie freute sich, ein erster Schritt in Richtung potenzielle Kundenbeziehung. Als sie sich dazusetzen und vorstellen wollte, drehte sich der ältere Herr zu ihr um und bat die »junge Frau«, ihm doch bitte eine Tasse Kaffee und ein Glas stilles Wasser zu bringen. Das Gesicht des jungen Kollegen wurde schlagartig tiefrot, sie aber stand wortlos auf, um die gewünschten Getränke zu holen, setzte sich danach wieder dazu und stellte sich dem Kunden nun vor. Der zeigte sich mehr als peinlich berührt, doch die Situation ließ sich schnell wieder entspannen und sie konnte ihn für die Bank gewinnen. Ob ich

Ähnliches auch schon erlebt hätte, fragte sie mich. Jede Menge solcher Geschichten könnte ich berichten, erwiderte ich, darin gehe es allerdings weniger um mein Geschlecht, sondern eher um meine soziale Herkunft. Was sie offensichtlich sehr überraschte, wirkte ich doch auf sie wie die typische Investmentbankerin. Dass dies das Ergebnis harter Arbeit an mir war, erreicht unter anderem mithilfe von Sylvia Ann Hewletts Buch *Executive Presence,* konnte sie nicht wissen.[45] Ich hatte mir den souveränen Auftritt angeeignet, konnte einen Raum mit meiner Gegenwart füllen, sprach perfektes Englisch, verstand es, dem Ganzen die passende äußere Hülle – Kleidung, Handtasche und Schuhe – zu verpassen. Durch diese »Persönlichkeitstransformation« wurde ich Teil der Londoner Finanzwelt.

MINDSET, KARRIEREPLANUNG, SKILLS, STÄRKEN, NETWORKING, AUFTRETEN – ALLES DINGE, DIE FÜR EHEMALIGE DDR-BÜRGER GROSSE UNBEKANNTE WAREN UND AUF DIE AUCH MENSCHEN BENACHTEILIGTER SOZIALER HERKUNFT, WENN ÜBERHAUPT, NUR BEDINGT ZUGRIFF HABEN.

Jedem, der wie beispielsweise einer meiner indischstämmigen Mentees auf der Karriereleiter einfach nicht weiterkommt, aber eine Spitzenführungsfunktion verdientermaßen anstrebt, kann ich dieses 2014 erschienene Buch nur wärmstens ans Herz legen.

Sylvia Ann Hewlett, selbst aus eher prekären Verhältnissen stammend, benennt darin drei Faktoren, die entscheidend sind, um ganz nach oben zu gelangen – gravitas, communication, appearance, also die Art, wie man wirkt, die Art, wie man spricht, und die Art, wie man sich nach außen gibt. Es ist und bleibt ein Irrglaube, dass ausschließlich Netzwerke das Vorankommen in der Karriere bis ganz nach oben befördern. Keine Frage, dass es wichtig ist, sich mit den richtigen Menschen zu vernetzen und dieses Netzwerk zu pflegen, aber Sichtbarkeit allein ist nicht der Schlüssel zum Erfolg. Denn noch so viel Sichtbarkeit und ein noch so großes Netzwerk nützen nichts, wenn Wirkung, Akzent oder Erscheinung als nicht passend empfunden werden. Am Ende sind es die gesendeten Signale, der gesamte Habitus, die eine kommende Spitzenführungskraft als solche für die »richtigen Leute« wahrnehmbar machen. Diese Sichtbarkeit hilft dann, die Tür vollends zu öffnen, der Raum dahinter wird daraufhin vom Netzwerk gefüllt. Das bedeutet, noch bevor jemand eine Spitzenführungsposition innehat, muss er oder sie als potenzielle Führungskraft im Netzwerk sichtbar werden, das daraufhin seine Funktion erfüllen kann. Oder mit Bourdieu gesprochen: Das Ziel sozialen Handelns, nämlich die Akkumulation von Kapital, in diesem Fall von symbolischem und sozialem, ist so erreichbar. Und erst, als ich diese Zusammenhänge und Mechanismen begriffen und mir entsprechende Strategien angeeignet hatte, wurde ich zur Vorständin berufen. Wie genial wäre es, wenn es ein Schulfach gäbe, das eben in diese Strategien einführt, die sich jeder und jede, egal welcher Herkunft, aneignen kann? Dazu würden auch Aspekte wie Mindset, Karriereplanung, Skills, Stärken,

Networking, Auftreten gehören – alles Dinge, die für ehemalige DDR-Bürger große Unbekannte waren und auf die auch heute noch Menschen benachteiligter sozialer Herkunft, wenn überhaupt, dann nur bedingt Zugriff haben. Was spricht ernsthaft dagegen, solche Themenfelder in den regulären Schulunterricht für alle einzuführen?

Die echte Macht des Netzwerkens bekam ich zum ersten Mal in meiner Londoner Zeit positiv zu spüren. Ich arbeitete dort für Lehman Brothers, eine der damals weltgrößten Investmentbanken, die es wie die DDR inzwischen auch nicht mehr gibt. Im Jahr 1850 von deutsch-jüdischen Einwanderern in New York gegründet, wurde Lehman Brothers zum Symbol der Finanzkrise schlechthin, als bekannt wurde, dass die US-Regierung das Unternehmen nicht retten würde und der Aktienpreis um über 90 Prozent einbrach: der größte Konkursfall in der Geschichte der USA. Wieder einmal war ich unfreiwillig mitten in eine turbulente Umbruchsituation geraten. Ich arbeitete in der Prime-Brokerage-Abteilung, die Dienstleistungen für Hedgefonds-Kunden offerierte, und war als Business Manager für etliche strategische Analysen verantwortlich. Ich saß im Handelsraum und mochte die Geschwindigkeit und vielschichtigen Veränderungen im Markt, die von jetzt auf nachher eintreten konnten. Ich hatte zwar mein eigentliches Ziel, den Vertrieb, noch nicht erreicht, fühlte mich aber dort, wo ich war, sicher und zog es vor, meinen Vorgesetzten zu glauben und nicht den vielen gut recherchierten Medienberichten, die schon seit einiger Zeit auf den Finanzportalen liefen und ihre Warnungen verbreiteten. Ich war wie der Truthahn in Nassim Nicholas Talebs Buch *Antifragilität*.[46] Ich wähnte mich sicher und musste dann auf brutalste Art feststellen, dass mich meine Naivität den Kopf oder, besser gesagt, meinen Job gekostet hatte. Das Unvorstellbare war eingetreten.

> ICH FAND MICH ZUM ERSTEN MAL IN MEINEM LEBEN ARBEITSLOS. ALL MEINE ERINNERUNGEN AN DIE ZEIT NACH DER WIEDERVEREINIGUNG WURDEN WIEDER HOCHGESPÜLT, ALS UNSERE FAMILIE ERSTMALS MIT BISLANG UNGEKANNTEN EXISTENZ-ÄNGSTEN ZU KÄMPFEN HATTE.

Eine wahrhaft bittere Pille. Ich fand das Foto auf dem Titelblatt diverser Tageszeitungen wieder – eine höchst zweifelhafte Art von Prominenz. Es zeigt mich und viele meiner Kollegen mit dem Rücken zum Fenster stehend, als wir von unseren Vorgesetzten die Nachricht über die beantragte Insolvenz entgegennehmen mussten. Und später dann, eine Box mit den persönlichen Sachen in Händen, durch die Gasse zwischen Reportern und Schaulustigen laufen zu müssen war alles andere als ein erhebendes Gefühl. Zum ersten Mal in meinem Leben war ich arbeitslos und – nicht eben typisch deutsch – völlig ohne Reserven. All meine Erinnerungen an die Zeit nach der Wiedervereinigung wurden wieder hochgespült, als mein Vater seinen Job verloren und unsere Familie mit Existenzängsten zu kämpfen hatte. Nur dass ich es diesmal war, die plötzlich ohne Job, ohne alles dastand. Warum schon wieder ins Chaos gestürzt? Reichten der Umbruch und die Lehren daraus nicht aus? Und das alles kurz vor meinem 32. Geburtstag, für den ich schon eine tolle Party geplant hatte.

Es war eine schreckliche Zeit für die Finanzbranche, durch die die Industriestaaten in eine schwere Rezession abrutschen, Menschen massenweise ihre Jobs verloren, die Eurokrise sowie andere politische und wirtschaftliche Verwerfungen mitverursacht wurden. Die globale Finanzkrise war die schlimmste Wirtschaftskrise seit der Großen Depression im Jahre 1929. Technisch gesehen waren wir trotz Insolvenz bei Lehman noch angestellt, dennoch blieben unsere Gehälter für einige Monate aus, denn das Bewilligungsprozedere des dafür bei der Bank von England beantragten Kredits verzögerte den regulären Ablauf. Ich hatte auf einmal sehr viel Zeit zum Nachdenken, über mich, über das Geschehen und die Reaktionen der Menschen in meiner Umgebung darauf – eine sehr lehrreiche Phase in meinem Leben. Ich entdeckte, wie gut mir meine inzwischen gefestigte positive Einstellung zum Wandel tat. Ich fühlte mich nicht wie früher verloren, sondern nutzte die Zeit, um mich über gesunde Ernährung zu informieren, dadurch und mithilfe von Sport mein Gewicht zu reduzieren – und auch, um mein Netzwerk zu aktivieren. Ich kontaktierte jede Führungskraft, die ich damals kannte, traf viele auf einen Kaffee oder zum Mittagessen, und eines Tages kam der rettende Anruf. Einer der Vorgesetzten, die ich bei Lehman Brothers mit strategischen Analysen unterstützt hatte, sorgte dafür, dass ich bei seinem neuen Arbeitgeber einsteigen konnte. In einer der größten Finanzkrisen der Weltgeschichte hatte ich es geschafft, durch mein Netzwerk einen Job zu erhalten.

Auf ähnliche Weise war es mir nach meiner Rückkehr nach Deutschland, als mein Vater erkrankt war, gelungen, eine neue Stelle zu bekommen: Zufällig lernte ich eine junge Frau kennen, die im Vertrieb einer Bank in Deutschland arbeitete und mich zu einer Konferenz dorthin einlud. Dabei lernte ich ihren Chef kennen und bekam nach einigen Interviews tatsächlich das Angebot, als Vertriebschefin einer Abteilung einzusteigen. Mittlerweile zähle ich diese junge Frau zu meinen guten Freundinnen, und wir unterstützen uns gegenseitig geschäftlich, wann immer es möglich ist. Tatsächlich fing ich aber relativ spät in meiner Karriere erst an, mir ein Netzwerk aufzubauen. Da ich diese Art von Kontaktpflege von früher nicht kannte, nie ein wirkliches Vorbild dafür hatte, machte ich anfangs entsprechend viele Fehler, trotz der damals schon bergeweise vorhandenen Literatur zum Thema. Mein größter Fehler war, dass ich Netzwerken nicht hoch genug priorisierte. Und diesen Fehler, so mein Eindruck, teile ich mit nicht wenigen Menschen aus dem Osten, zumal solchen aus meiner Altersgruppe. Ohne ein wirkliches Verständnis davon vermittelt bekommen zu haben, mussten (und müssen) sie sich einen Zugang erst erarbeiten und die Mechanismen des Netzwerkens durchschauen lernen, bevor es zum nützlichen Instrument für sie werden konnte. Und grundsätzlich gilt eben die Regel: Mit Netzwerken kann man nicht früh genug anfangen.

FÜR DINGE WIE NETZWERKEN FEHLTE MIR LANGE DAS VERSTÄNDNIS – EIN DEFIZIT, DAS ICH OFFENSICHTLICH MIT NICHT WENIGEN MENSCHEN AUS DEM OSTEN, ZUMAL SOLCHEN AUS MEINER ALTERSGRUPPE, TEILE.

Auf der Grundlage meiner persönlichen Erfahrungen unterscheide ich zwischen zwei Arten von Netzwerken, die sich jeweils noch in Netzwerktypen unterteilen lassen. Zum einen gibt es das interne Netzwerk beim Arbeitgeber, zum anderen das externe außerhalb davon. Das interne Netzwerk umfasst Kollegen und Führungskräfte verschiedener Abteilungen oder Regionen, die speziell für die eigenen Herausforderungen von Vorteil sind, und Sponsoren. Sponsoren sind Spitzenführungskräfte oder Führungskräfte mit Entscheidungsautorität, die in Unternehmen mitunter für Beförderungen direkt zuständig sind oder starkes Mitspracherecht haben. So nämlich wird Macht in Unternehmen sehr oft, insbesondere auf den oberen Karrierestufen, weitergereicht: Spitzenführungskräfte installieren Führungs- beziehungsweise Spitzenführungskräfte, die sie kennen und denen sie vertrauen. Statistisch gesehen kommt es zu viel mehr intern rekrutierten Besetzungen von Führungs- und Spitzenpositionen als zu extern berufenen Neubesetzungen – und das ist der Grund, weshalb Sponsoren von so großer Bedeutung für die Karriere im Unternehmen sind. Sie haben auch einen großen Einfluss auf Gehälter, verhelfen zur nützlichen Erweiterung des Netzwerks und können Schutz bieten, wenn sich Unternehmen von Mitarbeitern strukturell bedingt trennen möchten. Anders verhält es sich bei den Mentoren: Sie können zwar helfen, das eigene Netzwerk zu erweitern, stehen für die eigene Karriere aber eher nur beratend zur Seite. Doch wie gelangt man an einen Sponsor im Unternehmen, und welcher sollte es sein?

DURCH UNSERE TRANSFORMATIONSKOMPETENZ SCHAFFEN WIR WENDEKINDER FÜR UNTERNEHMEN EINEN ENORMEN MEHRWERT. KOMMT ES DOCH IN EINER EXTREM WANDELBAREN WELT GERADE DARAUF AN, MIT VERÄNDERUNGEN POSITIV UMGEHEN, KONVENTIONEN HINTERFRAGEN, ZWISCHEN VERSCHIEDENEN PARTEIEN VERMITTELN ZU KÖNNEN UND SICH IN UNTERSCHIEDLICHEN SYSTEMEN ZURECHTZUFINDEN.

Es gibt drei Dinge, die gegeben sein müssen, damit der Sponsor als Beförderer der Karriere wirken kann. Als Erstes muss es ein gemeinsames Werteversprechen geben, das die Beziehung für beide Seiten zu einer Win-win-Situation macht. Zweitens muss der Sponsor von der menschlichen Eignung des oder der für eine Beförderung Priorisierten überzeugt sein, das heißt, die Gesamtheit der gesendeten Signale, von denen oben die Rede war, muss sich als tragfähig erwiesen haben. Und als Drittes muss das volle Vertrauen des Sponsors in die eigene Person gewonnen werden, allein schon deshalb, weil der Sponsor mit einem Protegé auch immer ein persönliches Reputationsrisiko eingeht. Vor allem, wenn man kein sogenannter »Mini-Me« ist, also nicht viel Ähnlichkeit mit dem Sponsor hat, muss man sich viel Mühe geben, um ein Vertrauensverhältnis zu ihm aufzubauen. Und wie nun diesen drei Anforderungen gerecht werden?

Dafür muss zunächst die eigene Leistung für das Unternehmen von Bedeutung sein, und es muss die nötige Seniorität ausgestrahlt werden. Das bedeutet keineswegs, dass diese Leistung selbst erbracht worden sein muss, wichtig ist vielmehr, als der oder die unentbehrlich Verantwortliche für diese Leistung gesehen zu werden, was also auf ausgewiesene Führungsqualitäten zielt. Als Zweites muss man Loyalität in dem Sinne zeigen, dass der Sponsor eine hundertprozentige Verlässlichkeit – zu jeder Zeit, bei jeder Herausforderung – erkennt, die für Vertrauen sorgt. Und schließlich muss das als Person eingesetzte Kapital oder der besondere Mehrwert für den Sponsor zu erkennen und zu gebrauchen sein. Das wiederum setzt voraus, dass man sich damit als einzigartig auszeichnen kann. Gerade in einer Welt des Wandels schaffen wir Wendekinder durch unsere Transformationskompetenz für Unternehmen einen enormen Mehrwert. Jeder weiß, wie wichtig es ist, mit Veränderungen positiv umgehen, Konventionen hinterfragen, zwischen verschiedenen Parteien vermitteln zu können, sich in unterschiedlichen Systemen schnell zurechtzufinden, Missstände zu erkennen und agil überregional und abteilungsübergreifend kreative Lösungen für komplexe Herausforderungen zu finden. Diese bestimmte Art der Transformationskompetenz ist es, deren Bedeutung und Mehrwert für Sponsoren bezogen auf deren spezielle Herausforderungen sichtbar gemacht werden müssen.

Um einen geeigneten Sponsor zu finden, rate ich meinen Mentees, sich zunächst und vor allem über ihre Kompetenzen, Stärken und Werteversprechen bewusst zu werden. Angefangen bei der eigenen Karriereplanung und einem persönlichen Entwicklungsplan, ansetzend bei der Frage: Wo genau im Unternehmen will ich die Karriereleiter aufsteigen, welche Funktion will ich in welcher Abteilung und in welcher Region ausführen? Ist das geklärt, gilt es herauszufinden, welche Entscheider über Beförderungen auf Führungs- oder Spitzenführungspositionen für diesen Karriereweg zuständig sind, um an sie persönlich herantreten zu können – beziehungsweise sie dazu zu bringen, an einen selbst heranzutreten, um sie dann von der persönlichen Leistung zu überzeugen, ihnen zu demonstrieren, dass man die logische Wahl für die nächste Beförderung ist, und dabei den persönlichen Mehrwert zu zeigen. Hierbei ist es überhaupt nicht wichtig, ob man den Sponsor persönlich mag oder sich mit ihm persönlich verbunden fühlt. Wichtig ist einzig und allein, dass der Sponsor am eigenen Werteversprechen Interesse findet. Denn eine Sponsorbeziehung ist, anders als die Mentorbeziehung, kein einfaches Geben. Sie ist wie eine Transaktion, die nur dann zum Erfolg führt, wenn es ein beidseitiges direktes Geben und Nehmen gibt – es muss also eine reziproke Beziehung entstehen.

FÜR DIE HEUTE DRINGENDER DENN JE GESUCHTE INNOVATION BRAUCHT ES DIVERSITÄT – IN IDENTITÄT, KOMPETENZ, PERSPEKTIVE UND ERFAHRUNG –, DENN NEUES WIRD SELTEN AUS HOMOGENER UMGEBUNG HERAUS ENTWICKELT. UND MENSCHEN AUS DEM OSTEN HABEN DIE SUPERPOWER, DIE GESUCHT IST.

Das setzt voraus, dass man für das eigene Werteversprechen brennt. Dazu gehören Flexibilität und die Bereitschaft, an der Lösung komplexer Herausforderungen zu arbeiten, denen sich nicht unbedingt jeder stellen will oder kann und für die man gegebenenfalls auch sehr mobil sein muss. Der »Kuss des Todes« ist, einem Sponsor gegenüber ein »Das-geht-nicht« zu äußern, ohne alternative Ideen oder Vorschläge anzubieten. Auf der anderen Seite muss der Sponsor das Werteversprechen unbedingt für seine Zwecke und seinen persönlichen Karriereaufstieg anwenden können. Und was Spitzenführungskräfte heutzutage unbedingt brauchen, ist Innovation: Innovation, wenn es um Kunden und Kundengewinnung geht; Innovation, wenn es um Effizienz und Kostenersparnisse geht; Innovation, wenn es um bedeutende längerfristige strategische Ziele geht; Innovation, wenn es ganzheitlich um Transformation geht. Und genau dafür braucht es diverse Identitäten, Kompetenzen, Perspektiven und Erfahrungen, denn Innovation entsteht selten in homogener Umgebung ohne unterschiedliche Blickwinkel. Die ist exakt der enorme Vorteil, den Diversität für Unternehmen bringt. Und Menschen aus dem Osten haben eine Superpower, die es gilt zu demonstrieren.

Die Bedeutung von Sponsoren wurde mir erst allmählich im Lauf meiner Karriere bewusst. Bei einem meiner Arbeitgeber kam ein Entscheider auf mich zu und fragte mich nach einer bestimmten Art von Zahlenanalyse für die Vertriebsabteilung. Nicht nur, dass diese Zahlenanalyse in der Form so nicht existierte – die Firmendatenbank gab sie nicht her –, die Vertriebsmitarbeiter waren offenbar an einer derartigen Analyse auch gar nicht interessiert, infolgedessen hatten sie sämtliche Bemühungen der Finanzabteilung, Produktivitäts- und Leistungsunterschiede sichtbar zu machen, nicht ernsthaft unterstützt. Ich nahm die Aufgabe an, und alle Kollegen, mit denen ich darüber sprach, hielten das, was ich da vorhatte, für absolut unmöglich und nannten mir tausend Gründe dafür. Wo ich hinkam, nur verschlossene Türen, nichts von dem, was ich ausprobierte, klappte. Bis ich eines Tages die zündende Idee hatte, gefühlt jedoch weiter um zehn Ecken denken und sehr viel Aufwand treiben musste, um sie zu realisieren. Was aber am Ende zählte, war das Ergebnis. Ich hatte es geschafft, die gewünschte Zahlenanalyse vorzubereiten und monatlich zu automatisieren. Das ergab für mich die Beförderung zur Direktorin, einen Job innerhalb der Vertriebseinheit und eine nicht unerhebliche Gehaltserhöhung – Resultat aus und erste Berührung mit der Macht unternehmensinterner Sponsoren.

Beim von mir so genannten externen Netzwerk unterscheide ich zwischen dem, das mich beruflich unterstützt und weiterbringt, und einem persönlichen Netzwerk, das mit meinem Beruf nicht unbedingt zu tun haben muss. Zum beruflichen Netzwerk gehören für mich unbedingt Headhunter, für die ich mein Werteversprechen jederzeit sichtbar und nachvollziehbar halte, damit sie es potenziellen Arbeitgebern gegenüber kommunizieren können. Mein persönliches Netzwerk umfasst Menschen auch aus ganz anderen Branchen, die mir helfen, mich weiterzuentwickeln, die mich als Person oder durch ein bestimmtes gemeinsames Thema inspirieren oder von denen ich mich verstanden fühle. Das sind meist Frauennetzwerke, fachspezifische und regionale Netzwerke, denn hier kann ich meine Erfahrungswerte teilen und von anderen lernen. Ein Netzwerk ist immer ein Geben und Nehmen, verlangt anfänglich aber fast immer, sehr viel zu geben, bevor man auch nehmen kann. Ich musste in meinem Leben dreimal Netzwerke so gut wie neu aufbauen: als ich anfing, in London zu arbeiten, als ich berufsbedingt nach Paris ging und als ich nach Deutschland zurückkehrte.

Immerhin lässt sich heutzutage – den sozialen Medien sei Dank – ein Netzwerk viel leichter aufbauen, als es vor Jahren noch der Fall war. Plattformen wie LinkedIn bieten den enormen Vorteil, effizient und effektiv Entscheider aus der eigenen Branche zu finden und mit ihnen in Kontakt zu treten oder durch mehrwertreiche Contenterstellung für sie auf die richtige Art und Weise sichtbar zu werden. Branchenspezifische Veranstaltungen oder Konferenzen jeglicher Art, viele davon auch virtuell und kostenlos, bieten weitere Möglichkeiten, sich ein Netzwerk aufzubauen. Und auch soziale Engagements oder Interessensgruppen sind gute Gelegenheiten, sich mit Menschen, mit denen man Werte oder Interessen für bestimmte Bereiche teilt, zu vernetzen und womöglich sogar real zu verabreden. Netzwerken muss auch nicht immer geplant sein, manchmal kann es sich spontan und nebenbei ergeben, sei es im Fahrstuhl oder im Restaurant oder im Flugzeug oder bei einer Kunstausstellung.

Was nicht häufig genug betont werden sollte: Netzwerken erfordert ein Bewusstsein für seine Bedeutung, und dieses Bewusstsein sollte so früh wie möglich entwickelt werden. Es kann wirklich nicht früh genug sein. Dazu gilt es, den Anspruch zu überwinden, gleich beim ersten Mal alles perfekt zu machen, und nicht gleich aufzugeben, wenn es anfangs stockend vorangeht. Denn der Aufbau eines guten Netzwerks dauert und verlangt viel Zeit und Mühen. Und damit hört es nicht auf, denn ein Netzwerk muss auch kontinuierlich gepflegt und erweitert werden. Es geht also nicht darum, so viele Visitenkarten wie möglich auszutauschen, Menschen ohne besonderen Mehrwert oder mit banalen Floskeln zu kontaktieren oder gleich mit dem Nehmen anzufangen, bevor man etwas zu geben hat. Wenn man das Netzwerken richtig anstellt und auf eine natürliche Weise mit Menschen ins Gespräch kommt, sich wirklich für sie interessiert und Gemeinsamkeiten findet, kann es zu einem entscheidenden Faktor für die eigene Karriere und das persönliche Wachstum werden. Ein starkes Netzwerk ist eines, auf das man sich verlassen kann, wenn man Unterstützung braucht, es geht also dabei nicht um ein persönliches Prestigeprojekt, sondern um menschliches Miteinander, das man aufgebaut hat.

> CHANCENGLEICHHEIT IST LEIDER IMMER NOCH EIN MÄRCHEN, UND ZU VIELE MENSCHEN GLAUBTEN, ALS DIE WENDE KAM, DASS ES WAHR WERDEN KÖNNTE.

Für mich ist das Netzwerk die wichtigste Kapitalart, durch die auch ich es geschafft habe, mit der Zeit andere Kapitalarten, die mir nicht mit in die Wiege gelegt worden waren, zu gewinnen. Diese Erkenntnis hätte ich gern früher in meiner Entwicklung gehabt, aber es gab niemanden, der mir dazu hätte verhelfen können. Chancengleichheit ist leider immer noch ein Märchen, und zu viele Menschen glaubten, als die Wende kam, dass es wahr werden könnte. Höchste Zeit also, dass wir alle gemeinsam dieses Märchen Realität werden lassen, um eine nachhaltige Zukunft für uns alle zu sichern.

KAPITEL 6

WER ERKLÄRT WEN: »DIE OSTDEUTSCHEN« ALS BRUCHFESTES KLISCHEE

»Ein edles Beispiel macht die schweren Taten leicht.«

Johann Wolfgang von Goethe

Bei einer Karriereveranstaltung hörte ich eine sehr erfolgreiche Unternehmerin über die Bedeutung der inneren Einstellung sprechen, mit der man sein Leben anpackt. Ich stand damals am Anfang meiner beruflichen Laufbahn und folgte gebannt ihren Ausführungen, vor allem als es darum ging, wie sie es als Erste in ihrer Familie geschafft hatte, erfolgreiche Unternehmerin zu werden. In der Fragerunde im Anschluss an ihren Vortrag wurde sie gefragt, was es letztlich gewesen sei, das ihr die Grenzen ihrer sozialen Herkunft zu durchbrechen half. Es habe viel mit ihrem ersten Vorbild im Kindesalter zu tun, mit ihrem Opa, dessen Lebensgeheimnis ihr immer Orientierung war und das lautete: »Wache jeden Tag mit einem Lächeln auf und zeige jeden Tag ein Stück Menschlichkeit.« Seit diesem Abend, der nun über 20 Jahre zurückliegt, habe ich für mich eine Morgenroutine etabliert, mit der ich in jeden neuen Tag starte. Als Allererstes nach dem Aufwachen schaue ich im Badezimmer in den Spiegel, lächle mich an und sage mir, was für ein toller Tag vor mir liegt, den ich gesund, erfolgreich und voller Energie durchleben und für den ich mich auf schöne Erlebnisse mit inspirierenden Menschen freuen will. Dies war mein persönlicher Gamechanger. Durch ihn kann ich mit einer unglaublichen mentalen Stärke, Resilienz und Zufriedenheit jedem Tag neu begegnen. Selbstführung und Menschlichkeit betrachte ich seitdem als natürliche Voraussetzung jeglicher Art von Leadership. Als ich mich im Rahmen einer Veranstaltung erstmals als Vorständin den Kollegen vorgestellt habe, wurde mir unter anderem auch die Frage nach Morgenroutinen gestellt. Also erzählte ich von meinem kleinen morgendlichen Ritual und bekam später jede Menge positive Rückmeldungen dazu, auch in meiner Infobox landeten zahllose Teams-Nachrichten. Da ich bei der Vorstellung angekündigt hatte, dass sowohl meine digitale als auch meine reale Tür für die Mitarbeiter immer offenstehen würden, wollte ich mein Wort halten und schaute mir deshalb jedes einzelne Feedback an, selbst wenn ich dafür angesetzte Tagesmeetings absagen musste. Die Mitarbeiter schienen geradezu dankbar zu sein, sich mit mir identifizieren zu können, einer Führungskraft, die aus einfachen Verhältnissen kommt, in einem Plattenbau im Osten aufgewachsen, heute als Frau mit einer Frau verheiratet ist und noch dazu einen Migrationshintergrund hat. Sie waren glücklich, dass jemand in der Geschäftsleitung sitzt, von der sie sich verstanden fühlten, die es geschafft hatte, aufzusteigen, ohne die Norm zu sein, und die im Meeting authentisch zu sich steht und nicht nur ein Unternehmensimage repräsentiert. Diese Nachrichten haben mich emotional sehr berührt. Und ich wusste, dass – egal, wie groß und komplex die auf mich zukommenden Herausforderungen auch sein mochten – ich immer daran denken würde, was es für Mitarbeiter bedeutet, jemanden wie mich im Vorstand zu haben, die im besten Sinne ein Vorbild für sie sein kann: ein Vorbild, das mit kleinsten Impulsen, sich beispielsweise ein Lächeln am Morgen zu gönnen oder die eigene Menschlichkeit bewusst zu halten, für große Veränderungen im Persönlichen sorgen kann.

Mein erstes Vorbild war Barbie, so merkwürdig das klingen mag. Immerhin handelt es sich um eine Puppe, noch dazu eine von idealisiertem Erscheinungsbild. Vielleicht war es aber gerade diese völlige Überzeichnung, die mich dazu brachte, mich in eine ganz andere Welt als die des Plattenbaumilieus hineinzuträumen, nämlich erste Träume von meinem Leben zu entwickeln, die viel später, nun auch an menschlichen Vorbildern orientiert, zur Vision wurden und sich so nach geklärtem Warum in konkrete Ziele übersetzen ließen. Entlang der von mir gesetzten Meilensteine konnte ich mich dann Stück für Stück der Erfüllung meiner Vision nähern. Und für eben diesen Prozess können Vorbilder eine stützende Funktion entfalten. Das zeigt das unter anderem aus der Persönlichkeitsentwicklung bekannte Format »Modelling of Excellence«, das schlicht besagt: von den Besten zu lernen. Nicht, indem man deren Exzellenz einfach kopiert, sondern indem man nach diesen Vorbildern ein Modell für die Entwicklung der eigenen Exzellenz entwirft. In diesem Sinne sind Vorbilder für die eigenen Karriere von so großer Bedeutung: Sie können durch ihren Erfolg inspirieren, durch ihre eigene Erfahrung ermutigen und so andere zur Ausbildung eigener Visionen für Ziele befähigen.

VIELLEICHT WAR ES ABER GERADE DIESE VÖLLIGE ÜBERZEICHNUNG DER BARBIE-PUPPE, MEINES ERSTEN VORBILDS, DIE MICH DAZU BRACHTE, MICH IN EINE GANZ ANDERE WELT ALS DIE DES PLATTENBAUMILIEUS HINEINZUTRÄUMEN, NÄMLICH ERSTE TRÄUME VON MEINEM LEBEN ZU ENTWICKELN.

Nachdem ich schon eine Zeitlang als Business Manager tätig gewesen war, entschloss sich der Geschäftsleiter, an den ich zu berichten hatte, dank des Wachstums des Geschäfts, eine COO-Stelle zu schaffen. Es ging darum, den bis dahin von mir allein verantworteten strategischen Tätigkeitsbereich deutlich zu erweitern, weitere Mitarbeiter dafür einzustellen und so allmählich eine eigenständige COO-Abteilung aufzubauen. Ich sah mich als die natürliche Wahl für diese Stelle und bewarb mich sofort darauf. Einige Tage später lud mich der Geschäftsleiter zum gemeinsamen Mittagessen ein. Ich war so aufgeregt, stellte mir vor, wie er mir die Stelle anbietet und Gehalt sowie seine konkreten Vorstellungen für die Abteilung mit mir bespricht. Nichts davon trat ein. Obwohl er meine Arbeit sehr schätze, sie sogar der Grund sei, weshalb er eine eigene Abteilung schaffen wolle, müsse er mir leider mitteilen, dass er mich noch nicht so weit sehe, diese Abteilung aufzustellen und zu leiten, mir aus seiner Sicht die Erfahrung dafür noch fehle. Das traf mich wie ein Schlag ins Gesicht. Ich hatte diese strategische Funktion aufgebaut, ihm erst gezeigt, was überhaupt möglich ist, und ihm eine analytische Entscheidungsbasis für etliche Strategien geliefert. Wie konnte ich da nicht »so weit sein«? Meine Nachfragen beantwortete er sehr direkt mit einer ganzen Liste von Fehlern, die ich zu verantworten hätte und mich vom Status einer qualifizierten Führungskraft noch weit entfernt halten würden. Das tat weh.

Dann bat er mich um einem Perspektivenwechsel: Ich sollte versuchen, mich in seine Lage zu versetzen, die genau zwei Möglichkeiten böte: entweder die Stelle jemandem wie mir zu geben, die vieles noch zu lernen hätte, was am Ende hieße, auch die Konsequenzen dieser Lernerfahrungen in Kauf nehmen zu müssen. Oder aber – die für ihn sicherere und effektivere Option – einen versierten COO mit den nötigen Erfahrungen einzustellen, der einfach nur Ergebnisse liefere. Er bat mich um mein Vertrauen in sein Beurteilungsvermögen und um mein Verständnis für seine Entscheidung, beteuerte noch einmal, wie sehr er mich schätze und wie viel ihm an meiner Entwicklung liege. Er habe eine Bewerberin für die Position ausgesucht, von der ich viel lernen könne und mit der vereinbart sei, dass sie als meine Vorgesetzte auch Mentorin für mich sein werde. Ich war völlig perplex und maßlos enttäuscht darüber, dass der Geschäftsleiter mir nicht die Chance gab, »on the job« zu wachsen.

Seine Entscheidung wollte mir in dem Moment einfach nicht einleuchten, aber wie sich schnell herausstellen sollte, war die neue Vorgesetzte das Beste, was mir in meiner Karriere passieren konnte. Ohne sie hätte ich es nicht in den Vorstand geschafft und wäre auch nicht die Führungskraft geworden, die ich heute bin. Denn Alexia Ackermann war die mit Abstand bedeutendste Mentorin und gleichzeitig Sponsorin für mich, und ich kann gar nicht aufzählen, was ich durch sie in Sachen Leadership, Resilienz, Selbstglaube, Mut und so weiter gelernt habe. Dabei ging es nie darum, ihr blind nachzueifern, penibel ihr Wissen zu übernehmen. Zwar gab sie mir jederzeit die Möglichkeit, in ihre Überzeugungen, Denkweisen und Verhaltensweisen einzutauchen, die Anwendung ihrer Systematiken und ihre Strategien bis ins Mikrodetail zu beobachten, aber ich konnte und sollte daraus eine eigene Praxis ableiten. Dass die eigene Führungskraft gleichzeitig Mentorin und Sponsorin ist, ist eher unüblich. Umso dankbarer bin ich ihr für alles, was sie in mir sah und förderte, obwohl ich es ihr wirklich nicht immer leicht gemacht habe. Auch heute noch wende ich sehr vieles von dem an, was ich durch sie erkannte und lernte. Sie wird mir für immer ein Vorbild sein.

OSTDEUTSCHE VORBILDER SOLLTEN IM ÖFFENTLICHEN RAUM VIEL MEHR ZUR GELTUNG KOMMEN, MENSCHEN MIT SPEZIFISCHEN ERFAHRUNGEN UND KENNTNISSEN, DIE ES SO IM WESTEN EINFACH NICHT GIBT, MIT BESONDERER SICHTWEISE UND GANZ EIGENER EXPERTISE, DIE GERADE HEUTE VON SO WICHTIGER FUNKTION SEIN KÖNNEN.

Auch in entfernten Menschen wie Steve Jobs oder Angela Merkel fand ich für meine Karriere Vorbilder. Steve Jobs' zu Berühmtheit gelangter Spruch »stay foolish, stay hungry« aus seiner legendären Stanford-Rede habe ich immer noch auf einem Post-it in meinem Arbeitszimmer hängen.[47] Nach meiner Lesart steht »stay foolish« dabei nicht einfach für »verrückt« im herkömmlichen, meist abwertenden Sinne. Ich lese es als »ver-rückt« und sehe den Bindestrich als Aufforderung, nicht immer und wie selbstverständlich in den Dingen das Gleiche zu sehen, an das Gleiche zu denken oder in gleicher Weise danach zu handeln, wie alle anderen es tun, nur um so am Ende den Status quo zu bestätigen. Ver-rückt soll heißen, eigene Vorstellungen und eigene Visionen zu entwickeln, auch wenn sie der Norm diametral entgegenstehen. In dieser Art von Ver-rücktheit sehe ich die Voraussetzung für das Unmögliche, das Steve Jobs mit Apple schuf.

UNTER DEN DORT LEBENDEN MENSCHEN HERRSCHT EINIGKEIT: DIE MEDIALE DARSTELLUNG DES OSTENS IST FAST ÜBERWIEGEND NEGATIV, KLISCHEEHAFT UND DAMIT WEIT ENTFERNT VON DER WAHRNEHMUNG DER MENSCHEN, DIE IHN ALS IHRE HEIMAT BEZEICHNEN.

In anderer Weise »Unmögliches« gelang in meinen Augen Angela Merkel, was immer man über ihre Politik denken mag, als sie es schließlich als erste Frau, zudem als Frau aus dem Osten, an die Spitze Deutschlands schaffte. Solche Menschen und ihre Erfolge haben mich inspiriert, das Unmögliche auch für mich zu wagen, als Erste in meiner Familie Vorständin einer Großbank zu werden. Sie haben mich inspiriert, mit bestehenden gesellschaftlichen Tabus zu brechen und stattdessen in Visionen zu denken. Und gerade unter diesem Gesichtspunkt sollten ostdeutsche Vorbilder viel mehr zur Geltung kommen, also Menschen mit spezifischen Erfahrungen und Kenntnissen, die es so im Westen einfach nicht gibt, mit besonderer Sichtweise und ganz eigener Expertise, die gerade heute von so wichtiger Funktion sein können. Denn die transformative Kraft von Rollenbildern hilft, aus dem scheinbar Unmöglichen ein real Mögliches zu machen.

Doch statt positiver Impulse in diesem Sinne zu setzen, gelingt es Medien und Öffentlichkeit durch Wort- und Bildwahl immer wieder, die allgemeine Wahrnehmung ins eher Negative zu beeinflussen. Als die aus dem Osten stammende großartige Schauspielerin Sandra Hüller für ihre Rolle in *Anatomy of a Fall* für den Oscar 2024 in der Kategorie »Beste Hauptdarstellerin« nominiert wurde, war die allgemeine Begeisterung riesengroß. Nachdem die Auszeichnung dann anderweitig vergeben worden war, fanden sich online zu Sandra Hüllers ja unverändert überragenden Leistung nur noch Schlagzeilen wie »Deutsche Schauspielerin Sandra Hüller geht leer aus« oder »Hüller verpasst Oscar«. Warum ist das so? Warum nicht das Positive hervorheben oder wenigstens erwähnen, dass Sandra Hüller die erste Frau aus dem Osten ist, die jemals für einen Oscar nominiert wurde? Allein durch ihre Nominierung ist sie ein Riesenvorbild und eine echte Inspiration für Menschen aus ganz Deutschland, ganz zu schweigen von ihrer gesamten schauspielerischen Leistung. Warum also nicht einfach ein ernsthaftes »Danke, Sandra Hüller« ausdrücken? Die für alle Beteiligten wohl eindeutig bessere Alternative wäre es doch, wenn unsere Vorbilder – egal, woher sie kommen – in den Medien hauptsächlich explizit unterstützt, ermutigt und durch Anerkennung ihrer Leistung gestärkt würden. Stattdessen geraten zugunsten der zugespitzten und Aufmerksamkeit erregenden Schlagzeile regelmäßig die positiv identitätsstiftenden Informationen in den Hintergrund.

Gleiches gilt prinzipiell für die mediale Darstellung des »Ostens«. Was ist der »Osten«? Ist die ehemalige DDR gemeint? Eine Region? Oder doch nur eine Himmelsrichtung? Geht es dabei um eine Bevölkerungsgruppe oder eine homogene Masse? Wer oder was sind die »Ostdeutschen«? Und was heißt es, »ostdeutsch« zu sein, womöglich »ostdeutsch« zu sprechen? Solche und ähnliche Fragen wurden und werden in Büchern, Artikeln, wissenschaftlichen Analysen, Dokumentationen von »Betroffenen« oder von »Experten« sehr unterschiedlich beantwortet, von einem einheitlichen Verständnis kann keine Rede sein. Worüber allerdings Einigkeit – zumindest im Osten – herrscht, ist, dass die mediale Darstellung und Berichterstattung fast überwiegend negativ, klischeehaft und damit weit entfernt sind von der Wahrnehmung der Menschen, die den Osten als ihre Heimat bezeichnen. Kaum überraschend also auch ein Ergebnis einer 2020 vom MDR beauftragten Datenanalyse zur Berichterstattung über Ostdeutschland, für die rund 200 Millionen deutschsprachige Presseartikel ausgewertet wurden: Bestimmte negative Begriffe wie »Armut« oder »abgehängt« sind in auffallender Häufigkeit zu finden.[48] Welche Wirkung erzeugt ein fast nur düster gezeichnetes Bild insbesondere bei jungen Menschen in Ostdeutschland? Wer von ihnen möchte seine oder ihre Karriere in einer armen und abgehängten Region aufbauen? Will man so etwas unentwegt lesen? Und dafür kulturelle Themen aus dem Osten mit der Lupe suchen müssen? Auch hier bleibt nur zu hoffen, dass sich eines Tages die allgemeine Perspektive geändert und eine nach Ost und West aufgeteilte Berichterstattung erledigt haben wird. Denn vor allem die junge Generation braucht, unabhängig von Herkunft und Lebensort, positive Vorbilder. Und hier sollten sich auch die Medien in der Verantwortung sehen, die sie durch ihre Funktion und Rolle in der Gesellschaft nun einmal haben.

IRGENDWANN WIRD SICH, SO IST ZU HOFFEN, EINE NACH OST UND WEST AUFGETEILTE BERICHTERSTATTUNG ERLEDIGT HABEN. WAS VOR ALLEM DIE JUNGE GENERATION BRAUCHT, SIND POSITIVE VORBILDER – GRUND GENUG, DASS MEDIEN HIER DIE VERANTWORTUNG ÜBERNEHMEN, DIE SIE DURCH IHRE FUNKTION IN DER GESELLSCHAFT NUN EINMAL HABEN.

Letztens wurde ich auf einer Konferenz in Frankfurt am Main gefragt, was für mich »ostdeutsche Identität« sei, die ja medial ganz unterschiedlich beleuchtet werde. Ich musste kurz überlegen, denn eine solche Frage hatte ich nicht erwartet. Für mich ist die »ostdeutsche Identität« einer Migrationsidentität gleichzustellen. Vieles von dem, was wir nach der Wende erlebt haben, ist für mich vergleichbar mit den Erfahrungen von Einwanderern, die heutzutage in der Hoffnung auf eine bessere Zukunft nach Deutschland kommen. Von einem Tag auf den anderen ändert sich das komplette Leben: eine neue Kultur, neue Werte, neue Normen, neue Glaubenssätze, neue Religionen, eine neue Gesellschaftsordnung – alles neu und fremd. Parallel dazu die fehlende Anerkennung der bisherigen Lebenserfahrungen und meist auch der Bildung. Der einzige große Unterschied ist, dass wir nicht auswandern mussten, sondern unser »Ausland« einfach da war und wir unser Land, die ehemalige DDR, nicht zwangsläufig verlassen mussten. Und dennoch entstand ein Gefühl des extremen Fremdseins, uns wurde kein Mitbestimmungs- und Mitgestaltungsrecht im Hinblick auf das wiedervereinte Deutschland gewährt, obwohl es das in einer Demokratie erwartungsgemäß hätte geben müssen. Wir mussten uns wie ein Puzzlestück in einen westdeutschen Staat, der ohne uns entstanden war, einfügen, ohne zu wissen, was das an Konsequenzen nach sich ziehen würde. Ich kenne kein anderes Land, in dem auch nur annähernd Vergleichbares geschehen ist. Die anderen ehemals sowjetischen Länder in Osteuropa haben sich gesamtheitlich von innen heraus transformiert und keine Wiedervereinigung mit einem »Westen« erlebt, der alle Schlüsselpositionen einnahm und die neue gesellschaftliche Ordnung ganz selbstverständlich vorgab. Dies alles verbindet die Menschen im Osten und stellt den Begriff »Ostidentität« in den Raum. Dabei sind die konkrete Umbruchserfahrung und der Umgang damit individuell höchst unterschiedlich gewesen, wie es auch die politischen Meinungen sind, die kulturellen Vorlieben, die Einstellungen und so weiter. Aus diesem Grund lässt sich auch nicht von den »Ostdeutschen« sprechen, als handle es sich um eine Art monolithischen Block.

> WENN ES SIE DENN GIBT, DANN IST DIE »OSTDEUTSCHE IDENTITÄT« EINER MIGRATIONSIDENTITÄT GLEICHZUSTELLEN. VIELES VON DEM, WAS WIR NACH DER WENDE ERLEBT HABEN, IST VERGLEICHBAR MIT DEN ERFAHRUNGEN VON EINWANDERERN, DIE IN DER HOFFNUNG AUF EINE BESSERE ZUKUNFT NACH DEUTSCHLAND KOMMEN. UND FÜR SIE WIE FÜR »DIE« OSTDEUTSCHEN GILT: SIE SIND KEINE UNUNTERSCHEIDBARE EINHEIT.

Auf meine Gegenfrage an den Teilnehmer, was denn die westdeutsche Identität ausmache, bekam ich erwartungsgemäß die sehr klare Antwort, dass es zwar eine durch bestimmte Vorstellungen und Erwartungen geprägte Identität des Westens gebe, aber so etwas wie eine homogene westdeutsche Identität nicht existiere. Er selbst musste zugeben, dass, anders als den Osten, niemand den Westen als eine homogene Masse betrachten und so darüber berichten würde. Niemand würde auf die Idee kommen, die Bayern mit den Rheinländern gleichzusetzen. Niemand würde auf die Idee kommen, etwas, das in Bayern stattfindet, als »westdeutsch« zu verallgemeinern. Warum sollte man auch? Wenn man die Bayern verstehen möchte, fährt man nach Bayern, und wenn man über sie regelmäßig berichtet, lebt man auch meistens dort. Der Teilnehmer sagte mir, er habe Kunden, Bekannte und Freunde in Bayern und in Nordrhein-Westfalen, und die einzige echte Gemeinsamkeit, die er zwischen ihnen sehe, sei der deutsche Pass. Ansonsten würden sie anders sprechen, anders denken, in einem anderen Umfeld und mit anderen Einstellungen leben – alles sei eben anders, und natürlich auch ihre Fußballliebe, erklärte er mir und schloss kurz und bündig: Es gebe einfach nicht den »Westdeutschen«. Mein Stichwort: »Ja, genau so ist auch ›ostdeutsch‹ nicht gleich ›ostdeutsch‹, auch wenn es medial immer wieder so dargestellt wird. So wie Bayern sich von NRW unterscheidet und beide von Berlin, so ist auch Sachsen anders als Brandenburg. Jede Region, jede Stadt, jede andere Einheit im Osten Deutschlands hat ihre Besonderheiten, Dialekte und Gewohnheiten.« Nach kurzem Überlegen stimmte er mir schließlich zu und wir kamen überein, dass diese Art von Verzerrung und Vereinfachung aufhören und wir durch genaues Zuhören und konkrete Anschauung endlich ein Umdenken einleiten sollten. Dann irgendwann könnte auch die einseitige Berichterstattung ein Ende finden, sodass der Osten sich medial nicht mehr wie ein fremdes Land, eine Anomalie oder eine Sonderform liest, die eine Erklärung durch den Westen braucht.

> ANDERS ALS DEN OSTEN WÜRDE NIEMAND DEN WESTEN ALS EINE HOMOGENE MASSE BETRACHTEN UND SO DARÜBER BERICHTEN. ER MUSS ENDLICH AUFHÖREN, DASS DER OSTEN SICH MEDIAL WIE EIN FREMDES LAND, EINE ANOMALIE ODER EINE SONDERFORM LIEST, DIE DER ERKLÄRUNG DURCH DEN OSTEN BEDARF.

Vor allem die großen überregionalen Zeitungen und Zeitschriften wie auch die Rundfunkanstalten sollten damit anfangen, Themen, Berichte und Vorbilder aus dem Osten ohne Vorurteile und Klischees stattfinden zu lassen. Dafür bräuchte es Redaktionen in Ostdeutschland mit Journalisten und Redakteuren vor Ort, die Leben und Strukturen dort kennen. Auch hier gilt es wie bei den Top-Managern, aufzuholen und Ostdeutschland endlich angemessen zu repräsentieren. Dann würden die Menschen dort die überregionalen Medien vermehrt konsumieren und sich nicht nur auf soziale Medien und Internet verlassen. Ich möchte mich dem Berliner Künstler Norbert Bisky anschließen, der in einem Artikel der *Berliner Zeitung* einen Appell an alle gerichtet hat: »Leute, fahrt hin, guckt es euch an, redet mit den Menschen und beschwört nicht immer nur die Dämonen.«[49] Dann würden vielleicht auch Schlagzeilen wie »Der Osten hat gewählt« obsolet, müsste nicht wieder der ganze Osten für das Wahlverhalten zum Beispiel in Thüringen herhalten. Käme es in Baden-Württemberg oder Niedersachsen zu einem »kritischen« Wahlergebnis, würde dann jemand auf die Idee kommen, zu titeln: »Der Westen hat gewählt«? Ich jedenfalls stehe und spreche als ehemalige Ostberlinerin nicht automatisch für den ganzen Osten, sehe mich nicht automatisch identisch mit allen regional- oder lokalspezifischen Haltungen und politischen Orientierungen »des Ostens«. Abgesehen davon, dass von einer Analyse von Wahlergebnissen unter rein geografischen Gesichtspunkten ja ohnehin kaum Erhellendes zu erwarten ist, ganz im Gegensatz zur Aussagekraft, die maßgebliche demografische und sozioökonomische Faktoren uns bieten können. Über deren Analyse lassen sich erfahrungsgemäß differenzierte Erklärungsmuster für Wahlverhalten ableiten – was wiederum den nüchternen Blick auf Zusammenhänge erlaubt und rein suggestive Wertungen oder populistisch vereinfachende »Narrative« überflüssig macht. So wie der Westen zu Recht für sich beansprucht, nicht einheitlich zu wählen, so kann das auch »der Osten« legitimerweise für sich tun. Meist hilft ein Perspektivenwechsel, um ein Thema wirklich zu verstehen und zu erfassen und insbesondere für alle Seiten ein Bewusstsein zu schaffen.

Großer Beliebtheit erfreut sich auch der immer wieder unternommene Versuch, »den Osten« erklärbar zu machen. Nichts spricht dagegen, sich dem Thema geschichtlich zu nähern. Werden dabei allerdings hauptsächlich Stereotypen bedient und produziert, gerät der »Erklärungsversuch« schnell zum Storytelling. Das berühmte *Spiegel*-Cover »So isser, der Ossi«

von 2019 mit provokantem Anglerhut in Schwarz-Rot-Gold erzeugte trotz wahrscheinlich ursprünglich bester Absichten, die ich hier der Einfachheit halber unterstelle, die komplett falschen Reaktionen.[50] Klischees und Stereotypen sind offensichtlich doch zu verführerisch, als dass sie ihre dumpfe Wirkung verfehlen könnten. Es gibt wohl bessere Ideen, als pünktlich zum 30-jährigen Jubiläum den Osten für den Westen noch einmal grundlegend zu erklären, dabei aufzuwärmen, was schon immer ohne Geschmack war. Was mich zur Fleischtheke in meinem Supermarkt führt, wo neulich ein Werbeplakat mit der Behauptung prangte: »So schmeckt der Schwarzwald«, was den abgebildeten und zugegeben ungemein lecker aussehenden Schwarzwälder Schinken meinte. Mich kitzelte ein wenig die Angriffslust und ich bestellte 100 Gramm dieses Schinkens mit den Worten: »Ich möchte schließlich wissen, wie der Westen schmeckt«. Wie aus der Pistole geschossen kam die fast empörte Antwort: »So schmeckt nicht der Westen, sondern der Schwarzwald!« Und ich wurde darüber aufgeklärt, dass es regional typische Wurst- und Fleischspezialitäten gebe, und wenn ich zum Beispiel wissen wolle, wie Bayern schmeckt, sei die Gelbwurst sehr zu empfehlen. Gewichtig fügte die Fachverkäuferin noch hinzu, dass ich von Glück sagen könnte, niemanden aus dem Schwarzwald hier angetroffen zu haben, das hätte sicher nicht nur freundliche Reaktion gegeben. Ich lächelte zurück, nahm meinen Schinken und wünschte ein schönes Wochenende.

ES GIBT WOHL BESSERE IDEEN, ALS PÜNKTLICH ZUM 30-JÄHRIGEN JUBILÄUM DEN OSTEN FÜR DEN WESTEN NOCH EINMAL GRUNDLEGEND ZU ERKLÄREN, DABEI AUFZUWÄRMEN, WAS SCHON IMMER OHNE JEDEN GESCHMACK WAR.

Zum Glück gibt es Medien wie *Katapult Magazin* oder das Correctiv-Recherchenetzwerk, die mit investigativem Journalismus versuchen, den Dingen auf den Grund zu gehen, und – wen wundert's? – auch zu deutlich differenzierteren Ergebnissen über ihre Themen kommen. Klischees und stereotypische Berichterstattung liefern eben keinerlei informativen Mehrwert, sind meines Erachtens sogar gefährlich für eine Vielfaltsgesellschaft. Von solchen Tendenzen setzt sich beispielsweise auch die MDR-Dokumentation von 2023 »Wir Ostdeutsche« ab. Sie lässt Zeit und Raum für Menschen, um über ihren Alltag im Osten, sowohl den vor wie den nach der Wende, authentisch zu berichten.[51] Kein Platz für Klischees, sondern reale Eindrücke aus einer realen Welt mit realen Menschen. Auch das *Zeit*-Redaktionsteam des eigens 2009 dazu eingerichteten Ressorts »Die Zeit im Osten« schafft es in wöchentlich erscheinenden Reportagen, Berichten, Meldungen ostdeutsche Lebensrealitäten in ihrer spezifischen Thematik nachvollziehbar und differenziert darzustellen und nebenbei all die nur noch hinderlichen West- und Ostklischees als das zu entlarven, was sie sind. Es braucht diese Art von Aufklärung – in beide Richtungen –, wollen wir in diesem Land nach nunmehr 35 Jahren Vereinigung die teils forcierte Erzählung vom Trennenden endlich hinter uns lassen. Auch ein Blick ins Ausland und die dortige Sicht auf unser »ewiges Thema« können weiterhelfen.

> WAS WIR BRAUCHEN, IST ECHTE MEDIALE AUFKLÄRUNG – IN BEIDE RICHTUNGEN –, WENN UNS DARAN LIEGT, NACH NUNMEHR 35 JAHREN VEREINIGUNG DIE TEILS FORCIERTE ERZÄHLUNG VOM TRENNENDEN ENDLICH HINTER UNS LASSEN.

Im Ausland gibt es aufrichtiges geschichtsbewusstes Interesse an den Erfahrungen, die der Systemumbruch mit sich gebracht hat, an den strukturellen, kulturellen und sozialen Nachwirkungen. Man versteht dort, dass Wendezeit und Nachwendezeit prägend gewesen sein müssen für die Menschen, und man will mehr dazu erfahren. Im Gegensatz zur Debatte hierzulande trifft man im Ausland auf Offenheit und Aufgeschlossenheit, auf die Bereitschaft, zu verstehen und zu lernen. Man begegnet keinen vorgefertigten Klischees, Vorurteilen oder Stereotypen, gezeigt wird ein generelles Interesse an einem geschichtlichen Ereignis, das man als Teil seiner Allgemeinbildung verstehen möchte. Mir wurden in England sehr offene

Fragen gestellt zu den Strukturen in der ehemaligen DDR, zur Position der Frauen, zu ihrer sozialen und finanziellen Unabhängigkeit und auch Fragen dazu, wie es für die älteren Generationen war, in einer Diktatur zu leben und von einem auf den anderen Tag »frei« zu sein. Oft aber ging es auch nur um so banale Dinge wie Sehenswürdigkeiten, attraktive Reiseziele und Ähnliches. Nie bin ich auf vorgefertigte Meinungen oder abwartende Einstellungen gestoßen, und auch in den Medien wurde über die Ost-West-Debatte nie so einseitig berichtet wie hierzulande. Entsprechendes kann ich auch aus meinen beruflichen Begegnungen mit Amerikanern, Franzosen und Italienern berichten. Bestätigt hat diesen Eindruck auch die in London lebende Historikerin Katja Hoyer, als ich ihr auf dem *taz lab 2024* »Alles Osten. Oder was?« begegnete.[52] Könnten wir diese Art des Umgangs – diese Herangehensweise, Unvoreingenommenheit und Nüchternheit – nicht als Vorbild für uns alle nehmen, als Anregung, mit aufgeschlossenem Zuhören wenigstens mal einen Anfang zu machen?

Dafür müssten die Medien die Grundsätze der Aufmerksamkeitsökonomie hin und wieder hintanstellen und sachlich über die strukturellen Ungleichheiten berichten, möglichst auch außerhalb von Jubiläen, Gedenktagen oder Wahlperioden. Grund genug ist vorhanden. Das konstatierte auch Marieke Reimann, die in Rostock geborene Zweite Multimediale Chefredakteurin des SWR, in einem Gespräch über ihre Sicht der Lage nach 33 Jahren Wiedervereinigung: »Da können wir zum Beispiel sehen, dass Ostdeutsche zwar 20 Prozent der deutschen Bevölkerung ausmachen, aber trotzdem kaum in Führungsetagen stattfinden. Rund 1,7 Prozent der Führungsmenschen in Deutschland sind Ostdeutsche. Das ist, glaube ich, nicht das, wo man sein möchte, 33 Jahre nach der Wende. Das zieht sich durch alle Bereiche. Wenn Sie sich die deutschen Universitäten etwa angucken: Wir haben an den deutschen Universitäten nur eine ostdeutsche Uni-Direktorin. Wir haben erst seit drei Jahren eine ostdeutsche Bundesverfassungsrichterin. Jetzt gehe ich mal rüber zu den Medien, was ja unser Metier ist: Wir haben in keinem überregionalen Medium, egal, ob das jetzt *Zeit, Spiegel, Süddeutsche* ist, eine ostdeutsche Chefredakteurin, einen ostdeutschen Chefredakteur. Wenn wir uns die Geschäftsleitung des ZDF angucken, gibt es da niemanden, der aus Ostdeutschland kommt. Und genauso sieht es bei den Intendanten und Intendantinnen der ARD aus, wo nur eine von zehn aus dem Osten ist. Und im Osten wird weniger verdient, im Osten gibt es weniger Rente. Es gab auch gerade wieder von der Friedrich-Ebert-Stiftung eine Studie ›Ungleiches Deutschland‹ – vor zwei Wochen veröffentlicht. Die hat auch gezeigt, wie die Wohlstands- und Vermögensverteilung aussieht. Und da ist ganz klar, dass zum Beispiel, wenn wir auf Bayern und Baden-Württemberg schauen, wir im Durchschnitt ein ererbtes Vermögen zwischen 120 000 und 250 000 Euro haben. Und alle ostdeutschen Bundesländer haben zwischen null und 10 000. Also auch das: Überhaupt in die Gelegenheit zu kommen, Vermögen oder Wohlstand aufzubauen, ist so noch überhaupt nicht gegeben.«[53] Das daraus resultierende generelle Ungleichheitsgefühl und die zum Ausdruck gebrachte Unzufriedenheit wurden medial schnell umgemünzt ins Klischee des »ewig jammernden Ossi«, der keine Dankbarkeit kennt. Statt darin einen Hilferuf oder die Aufforderung zu erkennen, in gemeinsamer Anstrengung reale Benachteiligungen zu kompensieren und möglichst zu überwinden, zog man es vor, zu ignorieren und medial Feindseligkeiten zu zelebrieren.

Dabei bietet der Osten jede Menge Schönheit und Bereicherndes, das sich mindestens so gut, wenn nicht besser zur medialen Darstellung anbietet als Plattenbauten oder Trabis. Eine Aufnahme zum Beispiel der Mecklenburger Seenplatte wäre als *Spiegel*-Titel so gut oder so wenig geeignet wie ein Anglerhut, wenn es denn wieder einmal darum geht, den gesamten Osten zu erklären – taugte aber halt kaum als Provokation. Wie viele Menschen aus dem Westen kennen den Osten aus eigener Anschauung und Erfahrung, haben beispielsweise die Mecklenburger Seenplatte oder das Schweriner Schloss im Urlaub schon einmal besucht? Wie viele Westdeutsche wissen vielleicht sogar etwas von Geschichte und Bedeutung Mecklenburg-Vorpommerns, einer Region, deren Universitäten zum Teil bereits im Mittelalter gegründet wurden und zu den ältesten Hochschulen der Welt zählen? In der sich drei von 16 Nationalparks befinden und die damit die größte Dichte an Nationalparks von allen Bundesländen aufweist? Ein Bundesland also, das mit seinen Landschafts- und Kulturbesonderheiten viel, viel mehr Berichtenswertes bietet als die fraglos vorhandenen wirtschaftlichen Probleme und Arbeitslosigkeit.

Und was für Mecklenburg-Vorpommern gilt, gilt natürlich für alle Bundesländer im Osten und vor allem für die Menschen, die dort leben und arbeiten. Ganz besonders aber gilt es für die vielen Vorbilder aus den jüngeren Generationen, zum Beispiel die Schriftstellerin Anne Rabe, Verfasserin des

Bestsellers *Die Möglichkeit vom Glück* und nominiert für den deutschen Buchpreis 2023. Oder auch Lukas Rietzschel, der den Sächsischen Literaturpreis 2022 gewann und dem »ein besonderer Nerv« für die »Risse und Brüche« attestiert wurde, die der Umbruch der politischen Verhältnisse erzeugt hat und die zu »Verwerfungen in den Biografien«, zu »Verunsicherungen und verwüsteten Seelen« geführt haben.[54] Oder auch Matthias Jügler, der für sein literarisches Gesamtwerk, darunter der Roman *Die Verlassenen,* mit dem Klopstock-Preis für neue Literatur 2022 ausgezeichnet wurde. Es sind genau solche Werke in der Gegenwartsliteratur, die so viel bessere und richtigere Impulse für eine konstruktive und vielschichtige Debatte setzen und mehr zur Reflexion anregen als die immer gleichen »Aufregerthemen«, die uns medial so zahlreich präsentiert werden. Diese neue Generation ostdeutscher Schriftsteller sei von einer Stimme, so auch Bundespräsident Frank-Walter Steinmeier anlässlich der Leipziger Buchmesse 2024 in gefälliger Wortwahl, »die neu und anders erzählt« und insofern eine echte »Bereicherung für uns alle« darstelle. Zitat: »Hier aus dem Osten unseres Landes erklingt eine deutlich vernehmbare Stimme. Eine Stimme, die vielfältig und in sich wiederum vielstimmig ist.«[55] Womit er vollkommen recht und auch nur einige Beispiele benannt hat. Den vielen Menschen im Osten, die sich engagieren und für gesellschaftliche Belange einsetzen, sollte endlich eine Plattform geboten werden, damit auch sie als »Bereicherung« wahrgenommen werden und als Vorbilder oder Mentoren andere inspirieren können. Daraus könnten die Medien dann das überfällige Bild eines modernen und gegenwärtigen Ostens zeichnen.

Auch im Bereich der Wirtschaft treffen wir auf eine neue Generation junger und selbstbewusster Vorbilder aus dem Osten, die etwas bewegen und sich in neue Richtungen entwickeln wollen. Eine ZDF-Reportage berichtete unter dem Titel »Verliebt in den Osten: Junge Ostdeutsche über ihre Heimat« über aktive junge Menschen, die ihr Leben in die Hand nehmen, Visionen entwickeln, die Dinge verbessern wollen und die vor allem entschlossen sind, im Osten zu bleiben.[56] Sie gründen Kulturprojekte in Städten, Co-Working-Spaces in der Provinz und moderne Unternehmen auf dem Land. Unter ihnen Julia Voigt, die in der Geschäftsführung des Kulturzentrums Weltecho ist sowie externe Leiterin des »Festivals für Demokratie« namens Kosmos Chemnitz, das »ein Netzwerk und eine Plattform für Auseinandersetzungen und Diskussionen« sein will und auf dem dieses Jahr vielleicht die längste Bratwurst der Welt gebraten werden wird. Unter ihnen ebenfalls André Neumann, Oberbürgermeister von Altenburg in Thüringen, der dafür sorgen möchte, dass leerstehende geschichtsträchtige Häuser für Neues genutzt und dadurch in ihrer ganzen Pracht gezeigt werden, so auch ein altes Schulgebäude, das zu einer hochmodernen Spieleerlebniswelt werden und damit den Tourismus ankurbeln soll. Oder Simon Schandert aus Wittenberg in Sachsen-Anhalt, ein Jungunternehmer und Mitgründer eines wachsenden Unternehmens, das Batteriespeicher für Gewerbekunden mit einer völlig neuen, von ihm selbst entwickelten Technologie herstellt, die den Speicher effizienter macht. Es braucht viel mehr solcher Reportagen, um ein neues Bewusstsein über den Osten jenseits von Stereotypen und Klischees entstehen zu lassen – um die Dynamik und den

Innovationsgeist dieser selbstbewussten jungen Generation abzubilden, die man womöglich von wo aus auch immer für sich als Beispiel nehmen könnte.

Und schließlich könnte die Tatsache, dass Chemnitz im Jahr 2025 Kulturhauptstadt werden soll, Anlass sein, all die produktiven Menschen, die Orte mit bedeutenden Sehenswürdigkeiten, die Kunst und Kultur der Stadt, was bis jetzt trotz unzähliger innovativer und zukunftsweisender Impulse medial eher unterbelichtet blieb, in den gesamtdeutschen Mittelpunkt zu rücken. »Chemnitz 2025« ist ein riesiges Beteiligungsprojekt für Stadt und Region, für das rund 100 Projekte und 100 Veranstaltungen in Planung sind, die schon jetzt weit überregionale mediale Aufmerksamkeit verdienen. Innovation braucht »diversity of thought« und einen Perspektivenwechsel, egal, wo gesellschaftliches Leben wie stattfindet. Nur so können sich ungenutzte Potenziale freisetzen, Potenziale, die ein zukunftsfähiges und nachhaltiges Deutschland dringend braucht, das aus seiner gemeinsamen Geschichte viel, viel mehr lernen kann, als es die immer noch dominierende Einseitigkeit der Sicht und das Ignorieren der realen Verhältnisse zulassen.

KAPITEL 7

VOM »RICHTIGEN« MINDSET: STATUSSYMBOLE UND NEUER FÜHRUNGSSTIL

»Die Einstellung ist eine kleine Sache, die einen großen Unterschied macht.«

Winston Churchill

Carsten Schneider, Beauftragter der Bundesregierung für Ostdeutschland, beschreibt in der genannten ZDF-Doku »Verliebt in den Osten« die Qualitäten der Ostdeutschen und ihre Vorzüge folgendermaßen: »Was wir einbringen können in diese Gesellschaft, ist einfach eine unfassbare Fähigkeit, aus nichts etwas zu machen und Herausforderungen so groß, wie sie auch sind, irgendwie anzunehmen und sich nicht umwerfen zu lassen. Die 16 Millionen Menschen haben ein System mitumgeworfen und sind nicht mit dem goldenen Löffel geboren, sondern haben sich das hart erarbeitet. Das ist schon etwas, worauf man sehr stolz sein kann, und dann geht man auch mit Krisen anders um.«[57] Und diese Art des Umgangs mit Herausforderungen und Krisen samt daraus resultierenden Erfahrungen zeigen, dass die innere Haltung und die ganz individuelle Denkweise den Unterschied machen.

Wie sehr unser Verhalten von diesem aus Erfahrung, persönlichem Umfeld und Umwelteinflüssen gespeisten sogenannten Mindset gesteuert ist, konnte ich bei einem Mindset-Training körperlich erleben. Alle Teilnehmer sollten sich in Position bringen: aufrecht stehen, den Blick geradeaus richten, dabei den rechten oder linken Arm ausstrecken und mit dem Zeigefinger nach vorn zeigen; dann den Oberkörper so weit wie möglich nach rechts beziehungsweise links drehen, und zwar so lange, bis es nicht mehr weitergeht. Die Stelle, auf die der Zeigefinger nun zeigte, sollten wir uns gut merken und dann in die Ausgangsposition zurückkommen. Jetzt sollten wir die Augen schließen, uns konzentrieren und visualisieren, wie wir den Körper mit ausgestrecktem Zeigefinger jeweils dreimal zuerst um 90, dann um 180, dann 270 und schließlich um 360 Grad drehen. Ganz wichtig sei, so der Trainer, bei der Visualisierung fest daran zu glauben, dass für uns jede einzelne Drehung körperlich machbar ist, also Bewegungen zu imaginieren, die anatomisch unmöglich sind. Nach der Visualisierungsphase sollten wir die Augen wieder öffnen und die Eingangsübung noch einmal machen. Und tatsächlich schaffte ich es nun, meinen Oberkörper ein ganzes Stück weiter zu drehen als beim ersten Mal – nicht durch die Wirkung übernatürlicher Kräfte, sondern durch die Kraft der inneren Haltung und Überzeugung sowie den festen Willen, etwas zu erreichen. Könnte auch reiner Zufall gewesen sein? War es nicht: Die Übung funktioniert bei konzentrierter Visualisierung garantiert jedes Mal, bei mir, bei meinen Mentees, bei allen. Könnte es eine andere Erklärung für den Erfolg dieser Übung geben? Könnte. Mir jedenfalls hat sie an dem Tag die Augen für die Macht der inneren Haltung eröffnet.

Zu einem meiner früheren Vertriebsteams gehörte eine junge Frau, die eher den »ruhigen Typ« verkörperte, dennoch mit Menschen sehr gut umgehen und erfolgreich Kundenbeziehungen aufbauen konnte. Dagegen erwies sie sich in Sachen Kaltakquise als nicht sonderlich talentiert. Da ihr damit eine für den Vertrieb wichtige Fähigkeit fehlte, verabredete ich mich mit ihr zu einem Gesprächstermin. Auf meine Frage, warum ihr die Kaltakquise so schwerfalle, wurde mir allein durch die Art, wie und was sie antwortete, klar, dass es ihr an Selbstvertrauen mangelte und sie ihre innere Haltung zur Kaltakquise und zu unserem damaligen Produkt ändern musste. Ich fragte sie nach einer Leidenschaft außerhalb der Arbeit. Sie beschrieb sich selbst als Foodie und begann, mit wachsender Begeisterung und funkelnden Augen über das Kochen, Restaurants und exotische Geschmackserlebnisse im Urlaub zu sprechen. Anschließend bat ich sie um eine Restaurantempfehlung. Ich wollte an unserem bevorstehenden Jahrestag mit meiner damaligen Partnerin etwas ganz Besonderes erleben. Sie sollte mir das Restaurant detailliert beschreiben, was uns dort erwarten und was uns entgehen würde, sollten wir es aus irgendwelchen Gründen doch nicht besuchen. Nach ihrem zwanzigminütigen Vortrag war ich restlos überzeugt, wollte eigentlich auf der Stelle dort essen gehen. Ergebnis: Die junge Frau kann Vertrieb – man muss es ihr an eigenen Vorlieben nur verständlich machen.

Sie selbst zeigte sich immer noch unsicher, zweifelte an ihrem Beurteilungsvermögen und ihrer Überzeugungskraft. Tatsächlich bewiesen ihre Ausführungen nichts anderes als bestes Vertriebskönnen, versicherte ich ihr, und mit Bestnote würde ich es auch bewerten. Sie habe mir ihre Leidenschaft für das Restaurant mit allem Drum und Dran so brillant vermittelt, dass ich mehr als motiviert sei, es zu besuchen. Nichts anderes machten gute Vertriebler, erklärte ich ihr, Kunden durch eigene Überzeugung für sich zu gewinnen und durch Glaubwürdigkeit zu halten. Ihr Problem mit der Kaltakquise bestehe eben darin, dass ihr die Leidenschaft für unser Produkt fehle und damit die Kraft der inneren Überzeugung und die Glaubwürdigkeit der Darstellung. Als ich ihr all die Gründe aufgezählt hatte, warum ich an unser Produkt fest glaubte, konnte ich sehen, dass sie Vertrieb jetzt verstand und erkannte, dass ihre innere Haltung der Hebel war, ihre Leistungen auf ein ganz anderes Niveau zu bringen. Die junge Frau wurde nach einigen Monaten zu einer der besten Vertrieblerinnen, mit denen ich zusammengearbeitet habe, und ihr Erfolg war als ihre Führungskraft auch meiner.

Als ich nach 18 Jahren Berufserfahrung meine erste Vorstandsposition antrat, erfuhr ich, dass bis dahin eine Kollegin aus dem Team interimsweise die Leitung der Geschäfte und die des Teams übernommen hatte. Auf meine Frage, ob sie selbst kein Interesse an der Stelle gezeigt hätte, wurde mir wortwörtlich gesagt: »Sie ist noch nicht so weit.« In mir kamen sofort die Erinnerungen an die Worte meines früheren Chefs hoch. Beim ersten Zusammentreffen zeigte sich die Kollegin sehr zurückhaltend und erzählte mir – anders als viele der männlichen Mitarbeiter im Team – nicht sofort, wie brillant sie in allem sei und dass ohne sie hier nichts laufen würde. Dennoch spürte ich mit der Zeit sehr deutlich, dass wesentlich mehr in ihr steckte, als sie nach außen zeigte, und ich entschloss mich, ihre »Alexia« zu werden, als Mentorin ihre Entwicklung zu begleiten.

Durch ihre Migrationsgeschichte gab es zwar Parallelen in unseren Erfahrungen, wir waren aber charakterlich zwei sehr unterschiedliche Typen. Daraus entwickelten sich auch hin und wieder »konstruktive« Diskussionen, aber genau diese Art des Umgangs bereicherte mich in meiner Funktion und meinen Herausforderungen sehr. Ich konnte jederzeit darauf zählen, dass sie nicht sagte, was ich als ihre Führungskraft hören wollte, sondern mir ihre ehrliche und durchdachte Meinung meist aus einem anderen analytischen Blickwinkel präsentierte. Ich merkte, sie war sehr gut – und zwar in allem, was sie anfasste, und in jeder Aufgabe, die ich ihr übertrug. Sie fragte auch immer nach Feedback und machte denselben Fehler nie ein zweites Mal. Des Weiteren gewann sie an Selbstbewusstsein, präsentierte sich als Führungskraft im Team und in ihrem internen Netzwerk laufend besser und wurde in ihrer Haltung mutiger, traute sich insgesamt mehr zu. Ich war so stolz auf ihre Entwicklung und erkannte mich in ihr wieder, wie ich vor vielen Jahren von Alexia in meinem persönlichen Wachstum und dem als Führungskraft unterstützt worden war. Als ich sie zu meiner Stellvertreterin beförderte, bat ich sie, einen formellen Entwicklungsplan für ihre Karriere aufzustellen. Anschließend analysierten wir die bestehenden Erfahrungslücken zur Geschäftsleitung und erstellten für sie Aufgaben und Ziele, nach denen sie diese Lücken schließen konnte. Eine dieser größeren Lücken waren Erfahrungen im Umgang mit dem Finanzregulator, und eines Morgens beim Zähneputzen kam mir die zündende Idee zur Lösung.

Zu dieser Zeit befanden wir uns gerade in mehrstufigen Verhandlungen mit einem Industrieverband, für den meines Erachtens unsere zur Diskussion stehende Mitgliedschaft genauso von Vorteil war wie für unser Unternehmen selbst. Wie in jedem internationalen Unternehmen, brauchte es intern einige Prozessschritte. Nachdem eine erste interne Einigung erzielt worden war, setzte ich ein Treffen mit den Verbandsvorständen auf, zu dem meine Stellvertreterin mich begleiten sollte. Wir einigten uns im Meeting und bekamen auch einen Vorstandsposten für unser Unternehmen im Verband. Nach dem Meeting gratulierte mir meine Stellvertreterin zu meiner Verhandlungsführung und der erreichten neuen Vorstandsposition. Ich lächelte sie an und erwiderte:

»Nein, umgekehrt: Ich gratuliere dir zu deiner ersten Vorstandsposition. Ich bin schon Vorständin, jetzt ist es an der Zeit, dass du es wirst, du bist so weit, und bevor irgendwelche Zweifel in dir aufkommen, versichere ich dir, dass du es schaffen wirst.« Ich hatte sie noch nie so überrascht und so glücklich gesehen. Sie umarmte mich, bedankte sich bei mir und sagte nur: »Du weißt gar nicht, wie viel mir das Vertrauen, das du immer in mich gesetzt hast, bedeutet.« Doch ich wusste es, ich war selbst einmal in dieser Situation gewesen, und es sind solche Momente, auf die ich mindestens genauso stolz bin wie auf meine geschäftlichen Erfolge.

Meine ganz andere Sozialisation, die mich von den sonstigen Vorständen in Großkonzernen unterscheide, komme eben immer wieder durch – so dagegen die nahezu empörte Reaktion eines Vorstandskollegen aus meinem Bekanntenkreis auf diese »absonderliche Aktion«. Sollte ich vorhaben, eines Tages Vorstandsvorsitzende zu werden, müsse ich solche Eigenarten dringend ablegen und mich einfach den bestehenden Strukturen und ungeschriebenen Gesetzen anpassen. Beim Abschied gab er mir noch den gut gemeinten Rat: »Vergiss nicht, du bist hier Vorständin. Das ist keine Gemeinschaft wie bei euch Ossis früher. Vorstände sind individuelle Wettbewerber, die ihre eigene Karriere verfolgen und ihre Mitarbeiter nicht als ihr Kollektiv führen. Sie müssen Autorität und Dominanz zeigen, die Hierarchie einhalten und die Politik meistern. Lies *Die 48 Gesetze der Macht*, dann weißt du, was ich meine. Glaub mir, nur so wird es klappen, ich bin schon ein wenig länger dabei als du.« Die Buchempfehlung lief bei mir ins Leere. Abgesehen davon, dass mir, wie oben beschrieben, der Inhalt längst bekannt war, wollte ich keinesfalls für die dort vertretene Art von Leadership stehen. Aber es war nicht das erste und sollte nicht das letzte Mal sein, dass ich mir solcherart gut gemeinten Tipps anhören musste.

MEHR UND MEHR ERKANNTE ICH, DASS ICH MIT MEINEN VORGEHENSWEISEN UND MIT MEINER HALTUNG GEGENÜBER DEM OFFENBAR SO DIFFIZILEN GEFLECHT VON MACHTSYMBOLIK IN DER VORSTANDSETAGE IMMER NOCH EINE EXOTISCHE AUSSENSEITERIN WAR.

Von meiner Position als Vorständin aus stellte ich einen Chief of Staff ein, die rechte Hand einer Spitzenführungskraft bei strategischen und taktischen Herausforderungen. Am Ende entschied ich mich für eine interne Bewerberin, die mich mit ihrem Lebenslauf und im Interview besonders beeindruckt hatte. Die neue Position sollte für sie eine Beförderung darstellen, und es waren viele Details zu klären. Ich wollte diesen Prozess weitgehend effizient und positiv für sie gestalten, um ihre Motivation für den Start zu stärken und den Wechsel in eine neue Umgebung so angenehm wie möglich zu machen. Für meine Ideen dazu bat ich einen erfahreneren Vorstand aus meinem Bekanntenkreis um seine Einschätzung. Gehaltlich würde er möglichst tief einsteigen, meinte er, es müsse ja nicht exakt das sein, was am Ende vereinbart werde, sollte aber auch kein Cent mehr sein als nötig. Und weiter: »Was deine Einstiegsideen angeht, ich würde absolut nichts davon machen. Mitarbeiter müssen das machen, was du ihnen sagst, Punkt. Du bist die ultimative Autoritätsperson, und sie haben auszuführen. Du musst deinem Team überhaupt nicht erklären, warum du was von ihnen brauchst, oder den Kontext antrainieren oder ihnen helfen, ein internes Netzwerk aufzubauen – sie kommen sonst nur auf dumme Gedanken und nehmen dir deine Machtposition.« Nun, das war und ist nicht mein Verständnis von Leadership, also habe ich auch diesen gut gemeinten Ratschlag ignoriert. Doch mehr und mehr erkannte ich, dass ich mit meinen Vorgehensweisen und mit meiner Haltung gegenüber diesem offenbar so diffizilen Geflecht von Machtsymbolik in der Vorstandsetage immer noch eine exotische Außenseiterin war.

Doch nicht nur dort stießen meine »extravaganten« Methoden auf, gelinde ausgedrückt, Irritation, auch einer ehemaligen Sekretärin schien einiges daran nicht zu passen. Sichtlich aufgebracht stürmte sie in mein Büro, um zu monieren, dass ich Meetings in meiner E-Mail-Inbox selbst annahm und damit die Kontrolle über meinen Kalender hatte. Noch weniger gefiel ihr, dass meine Kalendereinstellung für alle einsehbar war, freie Zeitfenster von jedem für ein Meeting geblockt werden konnten. Ich war von ihren Äußerungen ein wenig überrascht, musste ihr dann aber erklären, dass ich gern die Kontrolle über meinen Kalender und damit auch die Übersicht behalte. Dass ich außerdem für mein Team nahbar sein und ihm die Möglichkeit geben wolle, Meetings bei Bedarf auch kurzfristig einzustellen. In ihrer gesamten Karriere habe sie keinen Vorstand betreut, der so agiert habe wie ich, schoss es aus ihr heraus. Die Regel sei doch, dass jeder mit seinen Fragen und Wünschen an den Vorstand erst mal im Sekretariat um einen Termin bitten müsse. »Wie sieht das denn sonst aus?«, fragte sie noch. »Wie sollen sie sonst den nötigen Respekt entwickeln?« Spätestens jetzt erkannte ich die ernsthafte Differenz zwischen mir und ihr und überlegte kurz, ob ich darauf eingehen oder ihr einfach die Kalenderkontrolle überlassen sollte. Ich weiß, dass sie es gut meinte und nur das tat, was ihr Job von ihr verlangte, wollte ihr aber wenigstens eine andere Perspektive anbieten: nämlich die, dass Autorität und Respekt auch bedeuten können, Entscheidungen zu treffen und diese umzusetzen, Mitarbeiter zu eigenem Wachstum zu befähigen und eine Atmosphäre des Vertrauens für sie zu schaffen und sie so zu Höchstleistungen zu motivieren. Echtes Leadership müsse nach meinem Verständnis von Herzen kommen, indem man sich für die Mitarbeiter interessiere, ihnen zuhöre, ihren Rücken stärke und ihnen helfe, ihr volles Potenzial auszuschöpfen. Es schien so, als hörte sie solche Töne zum ersten Mal, und ich konnte nur hoffen, dass sie sie zum Nachdenken anregten. Auch sonst sorgte ich immer wieder für Erstaunen und Extra-Meetings, beispielsweise mit meinen Anfragen, neben meinem Team im Büro und nicht wie üblich auf der Vorstandsetage zu arbeiten. Bin ich zu fortschrittlich trotz meiner Sozialisierung in Gemeinschaft und Kollektiv der ehemaligen DDR? Oder bedeuteten mir genau deswegen Machtsymbole so viel weniger, als mir mein Team bedeutet?

> BIN ICH ZU FORTSCHRITTLICH TROTZ MEINER SOZIALISIERUNG IN GEMEINSCHAFT UND KOLLEKTIV DER EHEMALIGEN DDR? ODER BEDEUTEN MIR GENAU DESWEGEN MACHTSYMBOLE SO VIEL WENIGER, ALS MIR MEIN TEAM BEDEUTET?

Nachdem ich nach Ablauf meines Vorstandsvertrags Ende 2023 mein Amt niedergelegt hatte, kontaktierten mich auf LinkedIn verschiedene Unternehmen, darunter auch Outplacement-Agenturen aus Deutschland und aus London, mit denen ich bis dahin noch keinerlei Erfahrung hatte. Nach kurzer Recherche zu deren Angeboten entschied ich: Nichts für mich! und verschickte meine Absagen. Einer der Vertriebler zeigte sich allerdings besonders hartnäckig und bat mich trotz meiner Absage um ein zweites »kurzes Telefonat«, das ihm die Chance geben sollte, das für mich sehr »vorteilhafte« Geschäftsmodell vorzustellen. Nun, ich war mir zwar sicher, dass ich diese 30 Minuten als vergeudete Lebenszeit einstufen würde, entschloss mich aber, eine gute Tat für diesen Tag zu tun, und notierte mir sogar ein paar kleine Details, die er bei seinen Vertriebsaktivitäten aus meiner Sicht besser machen konnte. Das Telefonat hat mich tatsächlich überrascht. Nicht so sehr wegen des Umfangs der Leistungen, auch nicht der höheren fünfstelligen Summe, die dafür aufgerufen wurde, sondern wegen des sogenannten »VIP-Pakets«, das dazugebucht werden konnte. Darin enthalten waren ein Büro, ein Fahrer und eine Sekretärin – und das alles für jemanden, der wie ich freigestellt war. Auf meine Frage nach Sinn und Zweck dieses nicht ganz günstigen VIP-Pakets erwiderte er selbstbewusst: »Wissen Sie, wenn Sie das VIP-Paket buchen, dann muss Ihre Partnerin gar nicht mitbekommen, dass Sie zurzeit nicht arbeiten. An Ansehen und Respekt wird sich für Sie schon mal nichts ändern. Ihr Leben bleibt, wie es war, nach außen zeigen Sie die gleiche Macht und Dominanz, was gut ist für Ihr Selbstwertgefühl und damit für Ihre Beziehung.« Das machte mich sprach- und fassungslos. Wo fängt man hier an mit einer Antwort, wo hört man auf? Ich beließ es bei einem höflichen Dank für das Gespräch und einer ebenso höflichen Absage der angebotenen Dienstleistung. Und erneut musste ich feststellen, wie anders ich als ostdeutsche Frau doch tatsächlich war und gesehen wurde, was aber, das wusste ich tief in meinem Herzen, nicht mehr für lange Zeit so bleiben würde.

Fortschritt findet statt. Unternehmenskulturen und die Definition von Leadership ändern sich. Diversität hat Konjunktur. Finanzielle Bildung ist unabdingbar geworden. Technologien bieten ganz neue Möglichkeiten, und die digitale Wende rollt auf uns zu mit voller Wucht, wie eine Ozeanwelle, die sich unaufhaltsam in Richtung Küste bewegt. Und all diese Themen haben ein zentrales Bindeglied – den Menschen. Er wird diese Welle entweder wie ein Surfer reiten lernen oder sich von ihr in die Tiefe reißen lassen. Ein zufällig entdecktes Foto von einer Kassette, das Erinnerungen weckte und mich zum Schmunzeln brachte: Als Kind hörte ich mit meinem Opa noch Schallplatten, wechselte in meiner Jugendzeit von Kassette und Walkman zu CD und CD-Player, dann zum MP3 Player. Mittlerweile höre ich Musik fast ausschließlich mit Alexa und meinem iPhone, und wenn mich doch die Nostalgie packt, lege ich aus der Sammlung meines Opas eine seiner Lieblingsplatten auf. Ich habe den rasanten Wandel im Bereich der Tonträger miterlebt, so wie ich die Umstellung vom physischen Buch zu Kindle erlebt habe. Meine Frau würde mir hier vehement widersprechen, aber dennoch: Wie viel bequemer ist es, mit einem Kindle zu reisen, als schwere Bücher im Schlepptau zu haben? Doch niemand hat mich oder meine Ehefrau gefragt, ob wir diese Veränderungen gut finden oder nicht, ob wir sie wollen oder nicht – sie sind einfach geschehen, und Menschen sind, allein aus Eigeninteresse, gezwungen, sich immer wieder auf das Neue einzustellen und Neues dazuzulernen. Das ist Fortschritt.

Zum Beispiel auch in der finanziellen Bildung. Reichte es für die früheren Generationen aus, Geld auf dem Sparbuch anzulegen, und galt in DDR-Zeiten die Rente ohnehin als garantiert, ist es heutzutage mit dem bestehenden Inflations- und Zinsumfeld nicht optimal, sich allein auf das Sparbuch zu verlassen. Mittlerweile ist es fast zum Standard geworden, die Altersvorsorge selbst zu planen. Aus meiner Erfahrung als Kapitalmarktexpertin kann ich insbesondere Frauen nur wärmstens ans Herz legen, sich weiterzubilden und zu informieren, wie Wirtschaft und Kapitalmarkt funktionieren, um dann je nach Risikoprofil aus verschiedenen Assetklassen ein Portfolio selbst zusammenzustellen oder zusammenstellen zu lassen und so die finanzielle Unabhängigkeit zu sichern. Alle erforderlichen Schritte dazu können auch online erledigt werden. Alternativ bieten sich Immobilieninvestitionen an, um passives Einkommen für die Altersvorsorge zu etablieren. Das Wichtigste ist, eine klare Entscheidung zu treffen, den Anfang zu machen, um dann zügig in die Umsetzung zu kommen, dabei mutig und selbstbewusst auch den Austausch über aufkommende Sorgen oder Ängste zu suchen. Ein Weg vergleichbar mit meinem Weg nach der Wende: Ich traf eine Entscheidung und entwickelte eine Vision davon, wo ich hinwollte, und habe dabei Begrenzungen durch meine Umgebung, anderer Leute Glaubenssätze oder gesellschaftliche Konventionen nicht hingenommen. Damals hatte ich allerdings auch noch die »einfache« Vision, eines Tages finanziell frei zu sein, durch einen guten Job den Plattenbau endgültig hinter mir lassen zu können. Heute weiß ich, dass finanzielle Bildung ein wichtiger Baustein ist, ohne den es echtes Weiterkommen kaum mehr gibt. Ich erkannte, lernte dazu und passte mich an. Hätte mir in der Wendezeit jemand gesagt, dass ich eines Tages Kapitalmarktexpertin sein und meinen Mentees finanzielle Bildung nahelegen würde, hätte ich zurückfragen müssen, was ein Kapitalmarkt überhaupt ist.

HÄTTE MIR IN DER WENDEZEIT JEMAND GESAGT, DASS ICH EINES TAGES KAPITALMARKTEXPERTIN SEIN UND MEINEN MENTEES FINANZIELLE BILDUNG NAHELEGEN WÜRDE, HÄTTE ICH ZURÜCKFRAGEN MÜSSEN, WAS EIN KAPITALMARKT ÜBERHAUPT IST.

Prioritäten und Sichtweisen von Menschen verändern sich im Privaten wie auch am Arbeitsplatz. Machtsymbole werden umdefiniert, Technologien übernehmen automatisierbare Arbeitsschritte oder Dienstleistungen und bestehende Strukturen, Rollenprofile verschwinden mehr und mehr von der Oberfläche. Dafür entsteht sehr viel Neues, auch viele neue Geschäftsmodelle. Es ist ein fließender Übergang, ein kontinuierlich verlaufender Prozess, und wer ihn als solchen erkennt, kann sich darauf einstellen und anpassen. Dieser Prozess lässt keine Alternative, und egal, ob wir das Neue mögen oder nicht, das Ergebnis wird das gleiche sein, denn unsere Welt steht im Wandel. Nicht zuletzt war es die Covid-Pandemie, die uns diesen laufenden Wandel klar und auch hart vor Augen geführt hat. Ich gebe zu, vor Ausbruch der Pandemie verstand ich das Konzept des Homeoffice nicht. Anfangs hatte ich noch starke Zweifel im Hinblick auf die Auswirkungen, die sich für die Kultur im Team ergeben würden, für die Integration neuer Mitarbeiter und für die Verbindung zum Office, vor allem was die technische Zuverlässigkeit angeht. Der durch die Pandemie erzeugte Druck jedoch ließ mich schnell erkennen, dass all diese Fragen überhaupt kein Problem darstellten. Es zeigte sich im Gegenteil, dass ein hybrides Arbeitsmodell nicht nur ökonomisch vorteilhafter für Unternehmen, sondern auch besser ist für die mentale Gesundheit der Mitarbeiter und die Vereinbarkeit von Beruf und Familie. Der Schlüssel zum Erfolg in einer hybriden Umgebung liegt – wieder einmal – in der Art von Leadership. Die Umstrukturierung der Arbeitswelten – siehe unter anderem das hybride Konzept von »New Work« – wird weit darüber hinaus insgesamt den kulturellen Wandel beeinflussen. Zum Beispiel werden Menschen eines Tages, so die Zukunftsvisionärin Dorothee Töreki, nicht mehr mit dem eigenen Auto zur Arbeit fahren, sondern auf autonome Autos umsteigen.[58] Dann weit entfernt davon, Statussymbol zu sein, wird das Auto seinerseits als Dienstleistung gesehen, die wiederum jede Menge anderer Dienstleistungen zur Erledigung alltäglicher Aufgaben bietet. Die Grundlage dafür werden die gesammelten gigantischen Datenmengen bilden, die fein differenzierte personalisierte Angebote möglich machen: Man wird am Tablet arbeiten, kann zwischendurch Theatertickets reservieren, seine Flüge buchen oder die Kleidung aus der chemischen Reinigung zeitlich passend nach Hause liefern lassen. Im Vordergrund werden die Qualität und die Intelligenz der Dienstleistungen im autonomen Auto stehen, die Automarke spielt keine Rolle mehr. Auch dem Klima wird dieser Wandel zugutekommen, denn, wie Studien zeigen, lässt sich durch die Effizienz dieser Art der Autonutzung das Verkehrsaufkommen um circa 80 Prozent reduzieren – was wiederum positive Wirkungen auf die Infrastruktur und damit das Bild unserer Städte haben wird. Alles Themen, die Autohersteller jetzt schon intensiv beschäftigen. Fortschritt, der stattfindet.

Ein Fortschritt, der auch herkömmlichem Luxus seinen Glanz nehmen wird: »Die Tür des Bentleys wird geöffnet. Ein elegantes Paar steigt aus. Die Dame trägt über ihrer Designer-Abendrobe einen opulenten Pelzmantel. An ihrem Hals funkelt ein Brillantcollier. Neben dem Herrn im Maßanzug betritt sie das Fünfsternerestaurant. Zum Edelchampagner aus Kristallgläsern wird dort Kobe Beef mit Blattgold auf feinstem Porzellan serviert. Luxus pur.«[59] Meine Karriere hat mich an solche real gewordenen Reichen-Klischees gewöhnt, und ich kenne Menschen, die sich immer noch darin gefallen, so aufzutreten. Meist gehören sie älteren Generationen an. Die neue Generation Z, also die zukünftigen Arbeitnehmer, setzen ganz andere Prioritäten für ihr Leben und ihre Karriere, haben auch eine vollkommen andere Haltung gegenüber Machtsymbolik. Für sie ist es wichtig, in ein Unternehmen einbezogen zu werden, dass in sie investiert wird. Sie weigern sich, vorgegebene Arbeitsprozesse unhinterfragt und als unveränderbar zu akzeptieren, sich zu integrieren, weil es bisher alle getan haben. Sie streben nach Achtsamkeit, Zeit ist für sie der größte Luxus, der sich auch in richtiger Kommunikation ausdrückt. Sie möchten mitgenommen und geleitet werden und nicht – die verdeckte Drohung von Sanktionen immer im Hintergrund – Vorgaben und Anweisungen stumpf folgen, deren Legitimation am Ende oft in nichts anderem begründet ist als den Hierarchiestellungen. Sie fordern und fördern Nachhaltigkeit, und zwar in jeder Hinsicht: »Die Tür des Elektroflitzers eines Carsharing-Anbieters wird geöffnet. Ein sportliches Paar steigt aus. Die Frau trägt über ihrem Yogaoutfit eine nachhaltig produzierte Jacke. Sie nippt an einem Superfood-Biosmoothie. Neben dem Mann im Trainingsanzug aus fair angebauter Baumwolle schlendert sie entspannt in Richtung Park, denn beide haben heute frei.« So las sich im zitierten Artikel der Gegenentwurf zum inzwischen verramschten Bild von gesellschaftlichem Erfolg. Ich gehe fest davon aus, dass sich in Bezug auf eine nachhaltige Lebensweise in der Generation Z zwischen Ost und West keine Unterschiede finden lassen werden.

Wie sehr sich diese junge Generation dagegen in praktisch allem unterscheidet, was die Vorgängergenerationen gelebt haben, zeigt das junge ausländische Paar, das ich als Mieter für eine meiner Immobilien gewinnen konnte. Bei Durchsicht ihrer Einkommensnachweise fiel mir auf, dass beide exakt den gleichen Verdienst auswiesen. Sollte es das wirklich geben, hier und heute im Westen Deutschlands? Ich hakte nach und erfuhr, dass ihre Gehälter ursprünglich tatsächlich ungleich gewesen waren – zum Nachteil der Frau, versteht sich. Sie entschlossen sich deshalb, gemeinsam nachzuverhandeln, auch der Ehemann bestand darauf, dass er und seine Frau für praktisch gleiche Arbeit auch das gleiche Gehalt bekommen sollten. Als ich der Frau zu so einem fortschrittlichen Ehemann gratulieren wollte, fiel er mir ins Wort: »Simona, this has nothing to do with diversity or equality for us. It is a purely economic matter for our family. Why should we accept that we have less money as a family for our life, our investments, and also for all the joyful things we want to do in life. This makes no sense to us, given we do the same job and have the same educational background. Is this really so difficult to understand« Ja, ist es, er hatte die Ignoranz auf den Punkt gebracht. Aber so einfach es sich in der Theorie darstellt, so sehr viel komplexer wird es dann doch in der Praxis. Am Ende ist »Gender Pay Gap« eine ökonomische Frage in jeder Familie, das jedoch nur, wenn die Familie eine Gemeinschaft ist und ihre Finanzen nicht komplett unabhängig voneinander betrachtet. Das heißt nicht, dass nicht individuell investiert oder ausgegeben werden sollte. Doch vorrangig sollte man das Maximum an Einkommen als Familie anstreben und danach eine Aufteilung vornehmen. Denn dann sind beide Teile aus der Summe größer, als wenn man sie von vornherein separiert und ein Ungleichgewicht herstellt. Vielleicht kommt hier auch wieder meine ostdeutsche Sozialisation durch. Umso mehr freue ich mich, dass die Generation Z und die ganz neue Generation Alpha im Osten und Westen zusammen mich an eine bessere und gerechtere Zukunft glauben lassen.

Und schließlich wird die digitale Wende einen Fortschritt in der Art der Dienstleistung und des Konsumverhaltens wie auch des Leadership herbeiführen. Denn es braucht ein nachhaltiges und sinnhaftes Leadership, das mit Bildung, Herkunft oder absolvierten Karrierestufen nicht unbedingt etwas zu tun hat, um die Menschen mitzunehmen. Leadership benötigt ein Wertegerüst, das sich auf Integrität, Empathie, Respekt, Wertschätzung und auch ein Stück weit gesunden Humor stützt, der die menschliche Seite zum Vorschein bringt. Spitzenführungskräfte müssen nahbarer werden, ihre Authentizität und das, wofür sie stehen, sichtbar machen für ihre Mitarbeiter und in den sozialen Medien. Diversität muss in unserer vielfältigen Gesellschaft zur Norm werden – was allein unter ökonomischen Gesichtspunkten für Aktionäre und Investoren das stärkste Argument sein sollte. Unternehmen sollten ihre Kultur ändern und diesen Wandel anstoßen, wollen sie in Zukunft in Europa und auch weltweit wettbewerbsfähig und für die besten Talente attraktiv bleiben. Und diese Transformation gilt es ganz oben in der Wirtschaft anzustoßen, was auch heißt, dass die bestehende und schon lange nicht mehr zeitgemäße Vorstandsformel angepasst und umdefiniert werden muss.

UNTERNEHMEN SOLLTEN IHRE KULTUR ÄNDERN UND EINEN WANDEL ANSTOSSEN, WOLLEN SIE IN ZUKUNFT WELTWEIT WETTBEWERBSFÄHIG UND FÜR DIE BESTEN TALENTE ATTRAKTIV BLEIBEN. DIESE TRANSFORMATION GILT ES GANZ OBEN IN DER WIRTSCHAFT ANZUSTOSSEN, DAS HEISST AUCH: DIE BESTEHENDE UND SCHON LANGE NICHT MEHR ZEITGEMÄSSE VORSTANDSFORMEL MUSS ANGEPASST UND UMDEFINIERT WERDEN.

Ich möchte meinen Teil dazu beitragen, die Welt und die Wirtschaft nachhaltig zu verändern, und ich werde daher im folgenden abschließenden Kapitel meine persönliche Vision für ein zukünftiges Deutschland beschreiben: eine Zukunft, in der Innovation und Digitalisierung einen Wettbewerbsvorteil verschaffen, soziale Kompetenzen, Skills und Nachhaltigkeit im Vordergrund stehen, Chancengleichheit und Vielfalt zu neuen Alleinstellungsmerkmalen werden.

KAPITEL 8

MEINE VISION: DAS BESTE AUS ZWEI WELTEN – EIN VEREINTES DEUTSCHLAND

»Diejenigen, die
verrückt genug sind zu
glauben, dass sie die
Welt verändern können,
sind diejenigen, die
es tatsächlich tun.«

Steve Jobs

Wir haben in Deutschland ein Diversity-Problem: ein andauerndes Problem mit Vielfalt und Differenz, das sich durch praktisch alle gesellschaftlichen Bereiche zieht. Das heißt: Auch Wirtschaft und Unternehmen sind davon nicht ausgenommen. Meine persönlichen Erfahrungen dazu habe ich schon geschildert. Dass zum Beispiel Führungskräfte aus dem Osten in Wirtschaft, Politik, Medien, Justiz und Verwaltung auch heute noch stark unterrepräsentiert sind, ist nur eine Facette dieses ewigen Problems, das in seiner unzeitgemäßen Art unser Land in seiner Innovations- und Zukunftsfähigkeit auszubremsen droht. Um diesen Anachronismus zu überwinden, braucht es nun weder so etwas wie eine Ostquote, noch sind sonstige künstlich herbeigezwungene politische Maßnahmen erforderlich. Woran wir wirklich arbeiten sollten, ist, wegzukommen von diesen unzeitgemäßen Denk- und Verhaltensmustern, so vertraut sie auch sein mögen; längst verkrustete Konventionen abzulegen, um Raum für neue Perspektiven und neue Lösungswege zu schaffen. Was eben auch den selbstbewussteren Umgang mit ostdeutscher Herkunft und Transformationserfahrung einschließt, um so das ewige »Stigma« endgültig zu beseitigen. Ob es um die Besetzung von gesellschaftlich relevanten Positionen geht, die Kommunikation innerhalb und zwischen unterschiedlichen gesellschaftlichen Gruppen oder – wie in meinem Bereich – um Führungskultur in Unternehmen, wir alle sind gefordert, gängige Muster in Bewertung, Sichtweisen, Abläufen zu hinterfragen, nicht als Selbstzweck, sondern um die ohnehin anstehenden Transformationsprozesse in der Bequemlichkeit des Altbekannten nicht weiter zu verschlafen, sondern kräftig zu beschleunigen.

Für die Unternehmenswelt bedeutet dies aus meiner Sicht konkret, dass die Schaffung einer nachhaltigen Arbeitskultur ansteht, in der Spitzenpositionen die Vielfalt der Gesellschaft repräsentieren. Dies wiederum hat ein kohärentes und integriertes Diversity Management zur Voraussetzung, in dem Leadership neu und nachhaltig definiert ist. Unter einem integrierten Diversity Management verstehe ich einen Mix aus analogen und digitalen Maßnahmen, die als zusammenhängendes Ganzes in Unternehmen implementiert werden. Und nachhaltiges Leadership ist nach meinem Verständnis eine Gestaltungsmacht, die langfristige Wertschöpfung und positive Auswirkungen auf Menschen, Wirtschaft und Umwelt in den Mittelpunkt ihres Wirkens stellt oder, umgekehrt ausgedrückt, die bisher dominierende Ellenbogenmentalität samt direktivem Führungsanspruch aus den Chefetagen verbannt. Weil es uns heute nicht mehr um kurzfristigen Erfolg, Ego Boost oder kleingeistig isoliertes Gewinnerstreben gehen kann und darf, wird Kern der Führungsaufgabe sein, Entscheidungen im Sinne der Nachhaltigkeit und nach Kriterien der Eigenverantwortung zu treffen, also Selbstverwirklichung und Selbstbestimmung an überindividuellen Sinn und Zweck zu binden. Damit erst entsteht das Fundament, auf dem sich Vielfalt, Gleichberechtigung, Inklusion und Verantwortungsbewusstsein entfalten können und die negative Konnotation von »Macht« beseitigen lässt. Eine darauf abgestellte Kommunikation hilft, die Unternehmenswerte nach innen und außen offen und ehrlich zu transportieren, ein einheitliches Verständnis zu schaffen und klare Botschaften zu übermitteln. Insofern werden auch die zu einer Unternehmenskultur passende Persönlichkeit, Haltung und soziale Kompetenz eines Mitarbeiters an Bedeutung zunehmen, im Gegenzug die rein fachspezifische Qualifikation, die im Wettlauf gegen die Schnelllebigkeit unserer Welt sicher nicht mehr gewinnen kann, nachrangig werden. Und darauf gilt es sich jetzt bereits einzustellen, für Unternehmen wie DAX-Konzerne, und in eine Transformation hin zu einer breiteren und diverseren Art der Rekrutierung, Ausbildung und Führung von Mitarbeitern zu gehen. Denn genauso wie diverse Teams tragen auch diverse Vorstände und Aufsichtsräte zu einem nachhaltigen ökonomischen Erfolg bei, und diese Art von Erfolg ist es, die wir in Deutschland brauchen, um unsere Wettbewerbsfähigkeit zu erhalten.

WEIL ES UNS HEUTE NICHT MEHR UM KURZFRISTIGEN ERFOLG, EGO BOOST ODER KLEINGEISTIG ISOLIERTES GEWINNERSTREBEN GEHEN DARF, WIRD KERN DER FÜHRUNGSAUFGABE SEIN, ENTSCHEIDUNGEN IM SINNE DER NACHHALTIGKEIT UND NACH KRITERIEN DER EIGENVERANTWORTUNG ZU TREFFEN, ALSO SELBSTVERWIRKLICHUNG UND SELBSTBESTIMMUNG AN ÜBERINDIVIDUELLEN SINN UND ZWECK ZU BINDEN.

Die Zukunft der Arbeit sehe ich geprägt von Flexibilität und Agilität, die auch erlauben, von wo aus immer ohne künstliche Barrieren arbeiten zu können. Hybrides Arbeiten erfordert eine Führungskultur, in deren Rahmen auch virtuelle Teams mit Integrität, Authentizität und Respekt unabhängig von Ort und Zeit geleitet werden und für ihre Arbeit Inspiration und Motivation erhalten. Vielfalt, Individualität und Inklusion am Arbeitsplatz – ob stationär oder remote – sollten generell durch eine Kultur der Offenheit, Toleranz und Chancengleichheit gefordert und gefördert werden; eine Kultur, in der sich Mitarbeiter individuell und in der Gemeinschaft respektiert und wertgeschätzt fühlen, sodass für Vorurteile kein Raum mehr bleibt. Auch Tools und Maßnahmen für Mitarbeiter mit körperlichen Einschränkungen oder chronischen Störungen, zum Beispiel Text-to-Speech-Reader für Legastheniker, sollten bereits heute in jedem Unternehmen Normalität sein. In diesem Sinne muss Leadership heute agil und digital in angemessener Kommunikation und entsprechend empathischem Auftreten immer den Fokus auf die übergeordnete Zielsetzung halten, die als klare Vision und Werteorientierung allen Beteiligten präsent ist. Nur auf diese Weise kann nach meiner Vision eine echte Grundlage für Innovation geschaffen werden, auf der Inhalt und Form der Arbeit verändert und stets die Anpassung an neue Verhältnisse erlaubt werden, was im Übrigen auch zur Stärkung der internationalen Wettbewerbsfähigkeit Deutschlands beiträgt. Eines Deutschlands, das sich ausrichtet an Regeln einer sozialen Marktwirtschaft mit digital-ökologischer Prägung, darin Chancengleichheit und Souveränität gleichermaßen fordert und fördert und in dem eine zukunftsfähige

Bildung der Schlüssel des Fortschritts ist. Eines Deutschlands, in dem es keine Ost-West-Zuschreibungen mehr gibt, weder in Unternehmen und Organisationen noch im gesellschaftlichen Rahmen generell. Eines Deutschlands, in dem Nachhaltigkeitsziele, menschliches Wohlergehen und Mehrwert für die Gesellschaft nicht im Gegensatz zu ökonomischem Wachstum stehen, sondern dieses steigern.

EIN ZUKUNFTSFÄHIGES DEUTSCHLAND IST AUCH EINES, DAS KEINE OST-WEST-ZUSCHREIBUNGEN MEHR KENNT, WEDER IN UNTERNEHMEN UND ORGANISATIONEN NOCH IM GESELLSCHAFTLICHEN RAHMEN GENERELL.

Nachhaltig agierende Führungskräfte denken über kurzfristige Gewinne hinaus und berücksichtigen die langfristigen Auswirkungen ihrer Entscheidungen auf Unternehmen, Gesellschaft und Umwelt. Sie entwickeln Strategien, die auf nachhaltiges Wachstum und langfristige Wertschöpfung abzielen, auf umweltfreundliche Praktiken und Technologien und damit auf effiziente Ressourcennutzung, die in der Folge eine Reduktion von Abfall und Emissionen bedeutet. Dass und wie solche Umstellungen gelingen, hat Unilever mit seinem »Sustainable Living Plan« bereits vor Jahren demonstriert.[60] Nachhaltig agierende Führungskräfte setzen außerdem auf faire Arbeitsbedingungen und Weiterbildungsmöglichkeiten und sorgen dadurch für Wohlbefinden und Entwicklung ihrer Mitarbeiter, stärken eine inklusive Kultur, indem sie sich für die Gemeinschaft engagieren und soziale Projekte unterstützen. Sie handeln nach hohen ethischen Standards und begünstigen Transformation, Transparenz, Selbstbestimmung und Eigenverantwortung. Nachhaltig agierende Führungskräfte fördern Innovationen, die wirtschaftlichen Erfolg mit ökologischen und sozialen Vorteilen verbinden. Sie sind offen für neue Ideen und kontinuierliches Lernen, sie kommunizieren klar und authentisch, regen ihre Teams zu eigenverantwortlichem Arbeiten an und geben damit Raum für Selbstverwirklichung und Selbstbestimmung. Kurz: Nachhaltiges Leadership verbindet wirtschaftlichen Erfolg mit sozialer Gerechtigkeit und ökologischer Verantwortung, um eine nachhaltige Zukunft für Unternehmen und Gesellschaft zu schaffen.

Mit einer derartigen Vorgehensweise der obersten Führungsebene bleibt Diversität nicht nur eine Vision, sondern wird zur Grundvoraussetzung für unternehmerischen Erfolg, was im Übrigen auch die McKinsey-Studie »Diversity Matters Even More« vom Dezember 2023 bestätigt: Divers geführte Unternehmen und Teams sind um 39 Prozent profitabler als nicht divers geführte.[61] Allein die durch Digitalisierung erreichten Beschäftigungsmöglichkeiten für Frauen – neben der leider immer noch nicht flächendeckend ausreichenden Kinderbetreuung – stellen einen großen Beitrag zur Gesamtwirtschaftsleistung unseres Landes dar. Dazu Marcel Fratzscher, Chef des Deutschen Instituts für Wirtschaftsforschung (DIW): »Das größte Potenzial auf dem Arbeitsmarkt Deutschlands sind die vielen Frauen, die meist gut ausgebildet sind und mehr arbeiten möchten. Politik, Unternehmen und Gesellschaft sollten ihnen dringend dabei helfen, indem sie die vielen Hürden dafür aus dem Weg räumen«. Und er rechnet mit einem Potenzial von »mehreren Millionen Frauen, die so den Weg in bessere Arbeitsstellen finden könnten«[62] – eine durch eklatante Defizite erzwungene Aufforderung, die man für das zweite Jahrzehnt des 21. Jahrhunderts als fast schon beschämend empfinden mag.

Eine inspirierende Vision, die weit über Gewinnmaximierung und ökonomische Erfolge hinausgeht, motiviert Mitarbeiter und Führungskräfte gleichermaßen. Erkennbar wird der positive Beitrag zu Gesellschaft und Umwelt, den ein Unternehmen oder eine Organisation leistet. Unter solchen Voraussetzungen kann die eigene Arbeit auch mehr sein als nur notwendiger Job, sie kann als sinnhafter Beitrag für die Gesellschaft und eine bessere Welt aufgefasst werden. Mitarbeiter wie Führungskräfte sehen sich so zu Selbstverwirklichung und Selbstbestimmtheit befähigt, was zusätzliches Vertrauen, größere Leistungsbereitschaft und stärkere Moral in der Unternehmenskultur aufbaut. Eigenverantwortung und Handlungsspielräume für die eigenen Aufgaben gewinnen an Bedeutung, auch werden strategische Entscheidungen partizipativer getroffen, indem Verantwortlichkeiten und Kompetenzen an Mitarbeiter übertragen, Entscheidungsbefugnisse in definierten Bereichen verankert und Leitlinien für Entscheidungsprozesse geschaffen werden. Mitarbeiter fühlen sich auf diese Weise eingebunden und auch ermutigt, Vorschläge und Ideen zur Optimierung von Arbeitsprozessen und Abläufen einzubringen.

> ES GEHT DARUM, NACHHALTIGE UNTERNEHMENSKULTUREN IM OSTEN UND WESTEN DEUTSCHLANDS ZU ETABLIEREN, IN DENEN DAS »WIR«, DIE GEMEINSCHAFT, MIT DEM »ICH«, DER INDIVIDUALITÄT, ALSO PRÄGENDE SOZIALISIERUNGS-ERFAHRUNGEN DES OSTENS MIT SOLCHEN DES WESTENS EINE TRAGFÄHIGE SYMBIOSE BILDEN.

Integriertes Diversity Management und nachhaltiges Leadership werden also Motor für Innovation, Motivations- und Produktivitätssteigerung, Chancengleichheit, ökonomischen Erfolg und gesellschaftliches Wachstum. Diverse Potenziale, Perspektiven, Kompetenzen und Wettbewerbsvorteile können effektiv und agil genutzt werden, um nachhaltige Unternehmenskulturen im Osten und Westen Deutschlands zu etablieren. Unternehmenskulturen, in denen das »Wir«, die Gemeinschaft, mit dem »Ich«, der Individualität, also prägende Sozialisierungserfahrungen des Ostens mit solchen des Westens eine tragfähige Symbiose bilden und strategische Entscheidungen partizipativ getroffen werden. Nämlich eine Arbeitskultur zu etablieren, in der es, in Constanze Buchheims Worten ausgedrückt, um »Führung durch Reife und nicht durch Ego« geht, die Verantwortung für Veränderungen übernimmt, die der Gesellschaft als Ganzes zugutekommen.

Lernen wird elementarer Bestandteil dieser neuen Arbeitskultur, in der Skills Silostrukturen und Hierarchien überwinden. Die grundlegende Wertschätzung von Vielfalt und unterschiedlichen Perspektiven, die für wirtschaftliches Wachstum unabdingbar ist, setzt die Bereitschaft zu lebenslangem Lernen voraus, wodurch wiederum die diversen Potenziale der Mitarbeiter erst wirklich zur Geltung gebracht werden. Um diese Diversität von Denken und Handeln, von kulturellem Hintergrund insgesamt zu erreichen, braucht es ein Bildungssystem, das überhaupt in der Lage ist, Vielfalt sich entwickeln und als »Normalität« festigen zu lassen. Es dürfen berechtigte Zweifel aufkommen, ob wir in Deutschland hier mit den günstigsten Voraussetzungen aufwarten können.

Ich persönlich halte das deutsche Bildungssystem, in dem sich nichts wiederfindet vom ehemals ostdeutschen Bildungsangebot mit seiner zugrunde liegenden Idee des gemeinsamen Lernens und der im Effekt hohen Breitenbildung der Bevölkerung, für nicht zukunftsfähig. Es war und ist notorisch unterfinanziert, sodass notwendige Neuerungen und Anpassungen an die übrige gesellschaftliche Entwicklung nicht leistbar waren und weiterhin nicht sind. Beispielhaft zu nennen sind die Modernisierung von Schulgebäuden und Ausstattung, der grundlegende Wandel zu integrierten Schulformen, die Digitalisierung von Unterricht und Schulorganisation, die Individualisierung von fächerübergreifendem Lernen und Lehren zuzüglich außerschulischer Expertise, die Inklusion von Kindern mit Beeinträchtigungen sowie die Chancengleichheit für

Kinder aus sozial benachteiligten Verhältnissen und aus Familien mit Migrationsgeschichte.[63]

> ES GILT IM GESAMTDEUTSCHEN BILDUNGSWESEN ENDLICH SO ETWAS WIE SOZIALE GERECHTIGKEIT ZU ERREICHEN, GESCHLECHTERBASIERTE UND ANDERWEITIGE DISKRIMINIERUNG ZU ELIMINIEREN UND DIGITALE CHANCEN ZU NUTZEN.

Aus meiner Sicht gilt gerade für heute, dass Bildung Innovation, Kreativität, Persönlichkeitsentwicklung und Individualität fordern und fördern sollte, also genau das, was Menschen von Maschinen und künstlicher Intelligenz unterscheidet. Dass sie Neugier wecken, Offenheit erzeugen und zum Zuhören ermutigen und beispielsweise auch Themen aus Wirtschafts-, und Arbeitswelt curricular abbilden sollte. Wissen sollte für ausnahmslos alle Heranwachsenden und auch Erwachsenen zugänglich sein, sodass – gewissermaßen in der Folge – digitale Affinität und finanzielle Bildung zur Selbstverständlichkeit werden. Eigenart sollte als Stärke gelten, ebenso wie freies Denken und die Ausbildung von Vorstellungskraft, die Selbstwirksamkeit spürbar machen und keinen Raum geben für Angst vor Veränderung und Andersartigkeit. Schlimm genug, noch erwähnt werden zu müssen, aber es gilt endlich so etwas wie soziale Gerechtigkeit zu erreichen, geschlechterbasierte und anderweitige Diskriminierung zu eliminieren sowie digitale Chancen zu nutzen, die unsere Kitas, Schulen und Universitäten für eine nachhaltige Zukunft ortsunabhängig verändern. Das ist zumindest meine Vision.

In unserer schnelllebigen Welt, in der Eltern anspruchsvolle und komplexe Karrieren mit der Verantwortung für Erziehung und Familie vereinbaren müssen, ist qualitativ hochwertige Kinderbetreuung wichtiger denn je und sollte durch ein innovatives Angebot der Ganztagsbetreuung Eltern die Möglichkeit einer echten Wahl bieten. Garantierte und zuverlässige Betreuung von Vorschulkindern, aber auch Ganztags- oder Hortbetreuung für Schulkinder – ähnlich dem, was für mich als Kind und Jugendliche Alltagsleben war – sollte endlich Realität werden. Dafür sollten sich Wirtschaft und Politik auf Bundesebene gemeinsam einsetzen, um für jedes Kind in Deutschland einen kostenlosen Betreuungsplatz zu garantieren oder privat und individuell gewähltem Betreuungsangebot unbegrenzt steuerliche Absetzbarkeit zuzusichern. Ein derartiges Angebot aber erforderte die Schaffung hochmoderner und von qualifizierten Erziehern und Erzieherinnen geführter Einrichtungen. Eine Gesellschaft, die vielfach noch in den Zwängen von überkommenen Geschlechterrollen steckt, könnte durch eine Umgebung für Kinder, die ihnen erlaubt, sich frei und ohne Einschränkungen auszudrücken, ihr volles Potenzial auszuschöpfen, sich individuell zu entfalten und Vielfalt in jeglicher Hinsicht erleben zu können, im wahrsten Sinne des Wortes nach vorn gebracht werden. Damit wären auch die Grundsteine für eine Bildung gelegt, die sich der Förderung von sozialen Kompetenzen, Individualität des Denkens, der

Haltung und Persönlichkeit oder auch digitaler Affinität und finanzieller Bildung verpflichtet sieht. Die Dreigliedrigkeit des föderalen Schulwesens als Abbild gesellschaftlicher Verhältnisse dürfte angesichts desaströser Bewertungsergebnisse nun noch dem letzten Verfechter als das erscheinen, was es ist: Relikt vergangener Zeiten. Erst kürzlich wurde Bayern in einer ifo-Studie als Schlusslicht bei der Bildungsgerechtigkeit in Deutschland ermittelt.[64] Die Forderung nach einer integrierten und bundesweit einheitlichen Schulform kann nicht immer wieder kurzsichtig als Anlass für ideologisches Geplänkel missbraucht werden, zu ernst ist die Lage an zahlreichen deutschen Schulen, die dem Bedarf in vielerlei Hinsicht schon lange nicht mehr gerecht werden können.

Man könnte sich eine zeitgemäße Schule vorstellen als Innovation Hub für breite und fachübergreifende Bildung, in dem es neben der Aneignung sogenannter »Hard Skills« und »zukunftsfähiger Skills« auch um die Ausformung von Werten, Sozialkompetenzen und persönlichen Verhaltensweisen, also um »Soft Skills« geht. Und auch Universitäten können Innovation Hubs werden, analog dem Silicon Valley oder dem KI-Campus-Hub Baden-Württemberg in Heilbronn, wo Bildung, Wirtschaft und Politik zusammenarbeiten, um Zukunft zu gestalten. Bildung wird ansprechender, kultureller, und Lernen kann hautnah erlebt werden. Lernen wird zu einem dynamischen, lebenslangen und interaktiven Prozess, in dem Fähigkeiten und Kompetenzen nicht theoretisch gelehrt, sondern praktisch erprobt und virtuell erlebt werden. Das heißt, es wird nicht lineares theoretisches Fachwissen vermittelt, das durch Künstliche Intelligenz in Sekunden ohnehin jederzeit abrufbar ist und sich ständig ändert. Das, worum es geht, ist systemisches Denken, in das eingeführt, und Kreativität, die gefördert wird. Ein Bildungssystem dieser Art könnte Fach- und Führungskräfte von morgen mit einem Fähigkeitsprofil ausstatten, das auf Zukunft gerichtet und laufend angepasst wird, um Wettbewerbsfähigkeit zu garantieren.

Bildung sollte auch nicht mehr nur unter der Oberhoheit des Staates gesehen werden, sondern ebenso als Aufgabe der Wirtschaft, der Wissenschaft, der Politik, der Justiz, und der gesamten Gesellschaft. Zusätzlich zu öffentlichen Fördermitteln gäbe es weitere Möglichkeiten für die finanzielle Förderung von Auszubildenden, Schülern und Schülerinnen sowie von Studierenden und Universitäten. Doch auch hier sind die Angebote sehr ungleich verteilt, wie in *Stiftungswelt* nachzulesen ist: »Die Stiftungslandschaft im Osten liegt auch nach mehr als 30 Jahren immer noch weit hinter der im Westen zurück. Von den 24 650 Stiftungen, die es 2021 in Deutschland gab, haben 92,8 Prozent ihren Sitz in den westlichen Bundesländern.«[65] Also auch hier Aufholbedarf: Stiftungen müssen im Osten Deutschlands aufgesetzt werden, um vor Ort sichtbar zu sein und Vertrauen aufbauen zu können. Dafür braucht es politische und wirtschaftliche Rahmenbedingungen, Anreize für Investitionen, die Unternehmen für den Aufbau eigener Studienstiftungen im Osten aufbringen wollen. Oder für Investitionen in bestehende Stiftungen, um diese auch im Osten zu etablieren, was in etwa der Initiative »Zukunftswege Ost« entspricht, die von Carsten Schneider, Beauftragter der Bundesregierung für Ostdeutschland, angeregt wurde und bis Juni 2024 aufgesetzt werden soll. Dabei geht es allerdings nicht vorwiegend um Bildung, sondern um einen »Gemeinschaftsfond zur Stärkung der Zivilgesellschaft«, der das Ziel hat, »in einem breiten Bündnis von Stiftungen, Unternehmen und Zivilgesellschaft unbürokratisch Vereine und Initiativen in den ostdeutschen Bundesländern zu unterstützen«.[66]

AUCH IM BEREICH VON FÖRDERSTIFTUNGEN BESTEHT AUFHOLBEDARF: STIFTUNGEN MÜSSEN IM OSTEN AUFGESETZT WERDEN, UM VOR ORT SICHTBAR ZU SEIN UND VERTRAUEN AUFBAUEN ZU KÖNNEN. DAFÜR BRAUCHT ES ENTSPRECHENDE POLITISCHE UND WIRTSCHAFTLICHE RAHMENBEDINGUNGEN, ANREIZE FÜR INVESTITIONEN.

Ich stelle mir ein Deutschland vor, in dem Bildung für alle Kinder und Jugendlichen, unabhängig von sozialem, wirtschaftlichem oder kulturellem Hintergrund, zugänglich, also kostenloser oder zumindest erschwinglicher Bildungserwerb von frühkindlicher Förderung bis zu Hochschulbildung möglich ist. Ich stelle mir ein Deutschland vor, in dem Bildung hohen Qualitätsstandards entspricht und die individuellen Bedürfnisse der Lernenden berücksichtigt, was konkret bedeutet, innovative Lehrmethoden einzuführen, zukunftsfeste

Skills und soziale Kompetenzen zu entwickeln, Haltung und Persönlichkeitsentwicklung zu fördern, Lehrkräfte zeitgemäß auszubilden und Bildungseinrichtungen mit den erforderlichen Ressourcen auszustatten, Barrieren für benachteiligte Gruppen abzubauen und Chancengleichheit zu gewährleisten. Ich stelle mir eine Gesellschaft vor, in der lebenslanges Lernen gefördert wird und Menschen aller Altersgruppen die Möglichkeit haben, sich kontinuierlich weiterzubilden und neue und notwendige Kompetenzen zu erwerben. Dafür aber müsste Bildung höchste Priorität im Hinblick auf Finanzierungs- und Entwicklungsmittel bekommen, nicht nur auf Regierungsebene, sondern auch in Unternehmen und Gesellschaft, von wo aus in Bildungsinitiativen investiert und innovative Finanzierungsinstrumente entwickelt werden könnten.

Während früher über die Vermittlung fachspezifischer Kenntnisse und Fähigkeiten Arbeitskräfte für die Industriegesellschaft ausgebildet wurden, müssen Arbeits- und Führungskräfte von heute und mehr noch von morgen ein ganz anderes Profil aufweisen, um eine deutlich dynamischere und vielfältigere Gesellschaft widerstandsfähig und erfolgreich halten zu können, nicht zuletzt für die digitale Revolution. In einer Welt, in der Mensch und Maschine nebeneinander existieren müssen, muss auch das Bildungssystem auf diese Koexistenz eingestellt sein, und das heißt, selbst zugänglich sein für alle, um alle bereit machen zu können für die zu erwartenden tiefgreifenden Veränderungen. Deutschland muss nicht das beste Bildungssystem der Welt haben, aber es muss das beste Bildungssystem für die Vorbereitung auf diese Welt werden – ein System, in dem Bildungserwerb als Grundrecht und Motor für individuelles und gesellschaftliches Wachstum wird. Hier bietet der Osten mit der – zwar heute von allumfassender staatlicher Einflussnahme zu entkoppelnden – Idee von Vollversorgung und gemeinsamem Lernen durchaus bedenkenswerte Orientierungslinien und weist schon jetzt zukunftsfähige Hochschulstandorte auf, die an Bedeutung gewinnen können.

> DER OSTEN IST EINE STRATEGISCH WICHTIGE UND INNOVATIONS-OFFENE REGION EUROPAS, EIN WETTBEWERBSVORTEIL, DER GENUTZT WERDEN SOLLTE.

Deutschland befindet sich in einer Transformation von bislang nicht gekanntem Ausmaß, noch dazu in einem komplexen und geopolitisch angespannten Marktumfeld. Dabei bietet gerade der Osten durch die Versorgung mit erneuerbaren Energien, die freien Bau- und Gewerbeflächen, die ausgezeichneten Hochschulen und Forschungszentren sowie die traditionsreiche Industriekultur durch vorteilhafte Standortbedingungen immenses Zukunftspotenzial, das es zu ergreifen gilt. Die hier durch Schlüsseltechnologien erreichten Innovationen sind Teil des Wachstumsmotors für die Wirtschaft und des gesellschaftlichen Fortschritts in ganz Deutschland. Neue Ideen, Technologien und Geschäftsmodelle schaffen nicht nur neue Produkte und Dienstleistungen, sondern eröffnen auch neue Branchen und bisher unentdeckte wirtschaftliche Möglichkeitsräume. Der Osten ist zudem eine strategisch wichtige und innovationsoffene Region Europas, ein Wettbewerbsvorteil, der genutzt werden sollte. Er muss sich aber weiterhin proaktiv als attraktiver Standort für nationale und internationale Investitionen positionieren und vermarkten.

Hierfür bedarf es allerdings weiterhin eines großflächigen Ausbaus von Infrastruktur und erneuerbaren Energien, der Weiterführung der Dekarbonisierung, der flächendeckenden Versorgung mit Internet und Mobilfunk und in der Folge einer beschleunigten Digitalisierung sowie der Errichtung von Verbindungsnetzen in Straßen- und Schienenverkehr. Dafür und natürlich für die Suche nach den erforderlichen Fach- und Führungskräften befinden wir uns in einem starken nationalen wie internationalen Wettbewerb. Und jetzt schon geraten durch die gewaltigen Transformationsprozesse mittelständische und kleine Unternehmen unter Druck. Nur wenige Regionen weltweit haben so viele Umbrüche und Neuanfänge erlebt wie der Osten Deutschlands – und sie erfolgreich bewältigt. Dennoch hinterlässt diese Häufung an Umwälzung Spuren bei den betroffenen Menschen, die bei allem Wachstums-, Innovations- und Investitionspotenzial eine Transformation unbedingt mittragen und in sie einbezogen werden sollten, um einen tragfähigen Konsens zu erreichen. Der Strukturwandel darf nicht als Gefahr – Stichwort: Arbeitsplatzverlust oder Anschlussverlust ganzer Regionen – gesehen werden, sondern als Chance, ein zukunftsfestes Qualitätssiegel »Made in East Germany« zu gewinnen.

NUR WENIGE REGIONEN HABEN SO VIELE UMBRÜCHE UND NEUANFÄNGE ERLEBT WIE DER OSTEN DEUTSCHLANDS – UND SIE ERFOLGREICH BEWÄLTIGT. DIESE HÄUFUNG AN UMWÄLZUNG HINTERLÄSST ABER SPUREN BEI DEN BETROFFENEN MENSCHEN, DIE EINE TRANSFORMATION UNBEDINGT MITTRAGEN UND IN SIE EINBEZOGEN WERDEN SOLLTEN. WIR ALLE SIND DARAUF ANGEWIESEN, EINEN TRAGFÄHIGEN KONSENS ZU ERREICHEN.

Das Ostdeutsche Wirtschaftsforum 2024 stand unter dem meines Erachtens genau richtigen Motto »fast forward«, das den Hinweis lieferte auf »die Dynamik der Strukturwandelprozesse am Standort, aber auch die Dringlichkeit, mit der der wirtschaftliche Wandel vorangetrieben werden muss«.[67] Wir erleben mit der Erneuerung und Modernisierung der Industrie einen fundamentalen Umbruch, der begleitet wird von der nicht minder vehementen Herausforderung, sich auf den rasanten Fortschritt im Bereich der Künstlichen Intelligenz einzustellen. Und als ob das nicht genug wäre, wird gleichzeitig der Wettbewerb um dringend gebrauchte Arbeitskräfte global immer heftiger geführt. Wirtschaft, Politik, Bildung, Wissenschaft und Gesellschaft sollten daher stärker chancenorientiert und weniger risikoorientiert zusammenarbeiten, um die notwendigen Rahmenbedingungen zu schaffen. Trotz all dieser gigantischen Herausforderungen glaube ich ganz fest daran, dass mit Mut zu Entscheidungen und gemeinsamer Anstrengung sowie mit gesundem Pragmatismus der Osten als zukunftsfähiger Hightech-Standort langfristig und nachhaltig wachsen wird und sich dort auch börsennotierte Konzerne ansiedeln werden.

ICH GLAUBE GANZ FEST DARAN, DASS MIT MUT ZU ENTSCHEIDUNGEN UND GEMEINSAMER ANSTRENGUNG DER OSTEN ALS ZUKUNFTSFÄHIGER HIGHTECH-STANDORT LANGFRISTIG UND NACHHALTIG WACHSEN WIRD UND SICH DORT AUCH BÖRSENNOTIERTE KONZERNE ANSIEDELN WERDEN.

Immerhin: Nach der langen Vorgeschichte einer schwierigen und in Teilen misslungenen Transformation hat im Osten ein starker Aufholprozess begonnen, haben sich an verschiedenen Standorten technologische Zukunftsfelder und Schlüsseltechnologien als Cluster etabliert. Beispielsweise in der Region Berlin-Brandenburg, das sich als fester Standort für Elektromobilität und Batterietechnologie durch die Ansiedlungen namhafter Großkonzerne durchgesetzt hat. In Sachsen hat sich der Automotive Cluster mit bekannten deutschen Automarken angesiedelt, insbesondere Zwickau ist wichtiger Standort für Elektroautos und mittlerweile auch für Batterien. Bekannt ist Sachsen aber vor allem für »Silicon Saxony«, Europas größtem Standort für Informations- und Kommunikationstechnologien und Mikroelektronik. Heutzutage ist jeder dritte in Europa produzierte Chip »Made in Saxony«. Unterstützt wird der Standort durch ausgezeichnete Hochschulen und Forschung, wozu auch klar die TU Dresden gehört. Der Bau riesiger Wind- und Solarparks in Brandenburg und Sachsen-Anhalt wurde ebenfalls forciert. Zu Großinvestitionen in Solar- und Windenergieprojekte kam es in Mecklenburg-Vorpommern, wo sich mit Greifswald und seiner Universität sowie außeruniversitären Forschungsinstituten und Technologiezentren zudem ideale Bedingungen für die Bereiche Life Science, Biotechnologie und Gesundheitswirtschaft bieten. In Sachsen-Anhalt hat sich das Cluster Bioökonomie verankert, das darauf abzielt, Branchen wie Holzwirtschaft, Chemieindustrie und Anlagenbau mit lokalen und regionalen Forschungseinrichtungen im Bereich der biobasierten Wirtschaft zu verzahnen und damit biobasierte Wertschöpfungsketten aufzubauen. Leuna hat sich als Zielstandort für grüne Chemie, Pharma- und Medizintechnik einen Namen gemacht, und der Wissenschaftscampus Halle bietet führende Expertise in pflanzenbasierter Bioökonomie. Darüber hinaus haben sich Halle und der Luftfahrt-Cluster rund um den Flughafen Leipzig/Halle zu einem anerkannten Kompetenzzentrum für Luft- und Raumfahrttechnologien entwickelt, wo an zukunftsfähigen Mobilitätslösungen gearbeitet wird. Mit dem Cluster für Photonik und Lichttechnologien ist Thüringen zu einem der weltweit führenden Standorte der Branche aufgestiegen, und Berlin schließlich ist als Start-up-Hub Europas und Ideenschmiede Deutschlands längst ein Begriff. Immer mehr Gründer und zukünftige Gründer finden hier das richtige Umfeld, um Innovationen in Technologie, Finanzwesen, Gesundheit oder Kreativwirtschaft mit hohem Wachstumspotenzial zu schaffen, die Industriecluster in ganz Deutschland unterstützen. Wie man also sehen kann, hat sich der Osten bereits jetzt zu einer führenden Hightech-Region in Europa entwickelt.

> HEUTE SCHON HAT SICH DER OSTEN ZU EINER FÜHRENDEN HIGHTECH-REGION IN EUROPA ENTWICKELT.

Dennoch bleiben riesengroße Herausforderungen zu bewältigen, zum Beispiel der Mangel an Arbeitskräften. Strukturelle Bedingungen müssen in allen Bundesländern geschaffen werden, damit – ebenso wie ich es als junger Mensch erlebt habe – auch Frauen Karriere und Familie in Einklang bringen können. Ein flächendeckendes und qualitativ hochwertiges Angebot an Krippen, Kindergärten und Ganztagsbetreuung würde es Müttern erleichtern, Familie und Beruf zu vereinbaren. Flexible Betreuungszeiten, familienfreundliche Arbeitsplatzmodelle mit flexiblem Arbeitszeitmanagement und Unterstützungsangebote bei zu pflegenden Angehörigen könnten wichtige Begleitfaktoren sein. Auch das würde dazu beitragen, dass tradierte

Rollenbilder in Gesellschaft und Arbeitswelt sich allmählich auflösen könnten. Darüber hinaus könnten Frauen durch finanzielle Förderung, Beratungsangebote und Coachings angeregt werden, um den Schritt in die Selbstständigkeit zu wagen und ihre Geschäftsideen umzusetzen. Innovative Start-ups werden überall rund um die neuen Hightech-Industrien gebraucht. Es gründen jetzt schon mehr Frauen im Osten als im Westen, und sogar Bundeswirtschaftsminister Robert Habeck verwies in seiner Keynote beim diesjährigen Ostdeutschen Wirtschaftsforum auf die enormen Potenziale, die freigesetzt werden könnten, wenn Frauen befähigt werden würden, zu gründen oder auch in Vollzeit zu arbeiten. Gerade Start-ups sollten Förderung und Unterstützung bei ihrer Gründung und ihrem Wachstum erhalten, um mittelfristig das lokale wirtschaftliche Wachstum stützen zu können. Neben dem dringlichen Bürokratieabbau wären hier eine europaweite Vereinheitlichung und eine Verschlankung von Regulatorik, Gesetzen und Verordnungen sowie Steuern hilfreich. Insgesamt sollten zusammenhängende Maßnahmen aus finanziellen Anreizen, Bürokratieabbau, Infrastruktur und Talentförderung entwickelt werden, um auch der Gründerszene optimale Rahmenbedingungen zu bieten. Schließlich sind Start-ups für das wirtschaftlichen Wachstum im Osten von großer Bedeutung, nicht zuletzt auch für die ansässigen Unternehmen, die dadurch in den zukunftsfähigen Schlüsseltechnologien unterstützt werden. Weitere Herausforderungen wie niedrigere Preise aus erneuerbaren Energiequellen, flächendeckende Digitalisierung, Pragmatismus im Bürokratieabbau, eine adäquat ausgebaute Infrastruktur und Produktivitätssteigerung müssen adressiert werden und brauchen eine zukunftsfähige Finanzierung. Dazu gehört die innovative Mobilisierung vorhandenen globalen Kapitals von Förderbanken. Dazu gehört auch die europäische Kapitalmarktunion, die Liquidität erhöht und Transaktionskosten senkt. Und schließlich gehört dazu ein Mix aus öffentlichen Fördermitteln und privatem Kapital. Kurz: Es sind Maßnahmen notwendig, die ein Zusammenwirken von Bankkrediten, Fördermitteln und Kapitalmarkt sichern.

Insgesamt verfügt der Osten Deutschlands über immenses Wachstumspotenzial, das dem gesamten Land von wirtschaftlichem und wettbewerbstechnischem Nutzen sein wird. Die Mischung aus Innovation und Lebensart kann den Osten zu einem kraftvollen Wachstumskern im Herzen Deutschlands machen und somit auch eine hohe Lebensqualität durch weiterhin wachsende Angebote an Kultur, Gastro und Freizeitaktivität bieten. Um das zu erreichen, müssen jedoch die politischen, wirtschaftlichen und gesellschaftlichen Herausforderungen schnell und pragmatisch bewältigt und die erarbeiteten Lösungen effizient implementiert werden. Das bedeutet, dass neben den Start-ups besonders mittelständische und kleine Unternehmen, die das Rückgrat unserer Wirtschaft bilden, unterstützt werden sollten, da sie über keine Extra-Ressourcen zur Bewältigung der Transformation verfügen. Es findet ein rasanter Wettlauf statt, wer in Zukunft Elektromobilität, Batterien sowie Antriebstechniken produziert, wo die Produktionsanlagen für erneuerbaren Strom, Wasserstoff oder Elektrolyse gebaut oder die Halbleiterproduktion und sämtliche damit verbundenen Gewerke angesiedelt werden. Einen Stillstand, noch nicht einmal eine auch nur ansatzweise

Entschleunigung können wir uns also nicht leisten, sie würde gnadenlosen wirtschaftlichen Rückfall bedeuten.

> DIE MISCHUNG AUS INNOVATION UND LEBENSART KANN DEN OSTEN ZU EINEM KRAFTVOLLEN WACHSTUMSKERN IN DEUTSCHLAND MACHEN UND SOMIT AUCH EINE HOHE LEBENSQUALITÄT BIETEN.

Zur Abwehr des Schadens, der sich durch Ausländerfeindlichkeit, Rassismus und politische Radikalisierung gegenüber zugewanderten Arbeitskräften für die gesamte Wirtschaft unseres Landes einstellt, sollten neben zukunftsfähiger Migrationspolitik breit aufgestellte Maßnahmen ergriffen werden: Öffentlichkeitskampagnen vor Ort, die im direkten Austausch die Vorzüge von Diversität für die Wirtschaft, aber auch die ganze Gesellschaft verdeutlichen; Foren mit Bürgerinitiativen und Angehörigen verschiedener Bevölkerungsgruppen, die sich anbieten, zu echtem gegenseitigen Verständnis und einem adäquaten Austausch zu verhelfen; interkulturelle Projekte und Veranstaltungen, die realen Kontakt zu verschiedenen Kulturen und gegenseitiges Kennenlernen ermöglichen, oder Aufklärungskampagnen für junge Menschen, um sie bereits frühzeitig mit Themen wie Vielfalt und Inklusion in Verbindung zu bringen. Auch Medien, bekannte Persönlichkeiten aus Wirtschaft und Kultur mit Migrationsgeschichte könnten helfen, faktenbasiert zu informieren, Interesse zu wecken und so die Haltung gegenüber vermeintlich »Fremdem« zu öffnen. Es geht darum, Menschen dem Sog populistischer Indoktrination zu entziehen, sie in ihrem Leben und Denken zu verstehen, um ihnen dann Perspektiven anbieten zu können, die Vielfalt und Inklusion ganz anders, optimalerweise in realistischen Zügen erscheinen lassen.

Politik und Wirtschaft sollten hier unbedingt zusammenarbeiten, um mit einer langfristigen Strategie, neben einer Willkommenskultur und praktischen Unterstützung, gezielte Förderprogramme zur Integration einzurichten, die zum Beispiel den Übergang und die Ansiedlung ausländischer Arbeitskräfte und deren Familien erleichtern helfen: Einführung in die Sprache, Vermittlung von Schul- und Kinderbetreuungs- und Schulplätzen, Unterstützung bei der Suche von Arbeitsmöglichkeiten auch für Ehepartner. Hilfreich wäre es außerdem, wenn in Verwaltung und Ämtern standardmäßig auch englische Kommunikation im Angebot wäre, um so unnötige Hürden für Neuankommende gar nicht erst aufzubauen. Fakt ist: Nur mit idealen Rahmenbedingungen und hoher Lebensqualität werden wir Menschen als qualifizierte Arbeitskräfte gewinnen und im Wettbewerb um nationale und internationale Talente bestehen.

Gerade der vor uns liegende Strukturwandel verlangt es, dass die weit überwiegende Mehrheit der Gesellschaft sich mitgenommen fühlt. Überall dort, wo sich Menschen durch die vielen historischen und politischen Veränderungen, die insbesondere den Osten Deutschlands getroffen haben, abgehängt fühlen, droht ein Nährboden für politische Radikalisierungen zu entstehen. Es ist wichtig, mit Menschen vor Ort zu sprechen, in kulturelle Integration zu investieren, Möglichkeiten der Mitgestaltung zu eröffnen und so viele Interessierte wie nur möglich aktiv in den Veränderungs- und Entscheidungsprozess miteinzubeziehen. Denn nur so kann Akzeptanz und Mitwirken an der Transformation nach demokratischen Werten gelingen und die wirtschaftliche Dynamik des Ostens effektiv beschleunigt werden.

Nach den Wahlen zum Europäischen Parlament im Juni 2024 höre ich immer wieder, dass der Osten ja »ohnehin verloren« sei – nach über 30 Jahren Vereinigung erschrecken mich solche Aussagen. Wer angesichts der angespannten wirtschaftlichen, politischen und gesellschaftlichen Lage meint, ganze Landstriche einfach abschreiben zu können, müsste eigentlich gerade durch die jüngsten Wahlergebnisse eines Besseren belehrt worden sein. Wir *müssen* den Dialog aufrechterhalten – besser wäre es zu sagen, wir *wollen* den Austausch unbedingt weiterführen, aus der Vergangenheit lernen und den notwendigen Perspektivenwechsel erwirken. Um so im Austausch den Osten – und damit das ganze Land – gemeinsam zu gestalten, ihn zu einer Region werden zu lassen, die ein Leben im Miteinander für alle erlaubt, die dort sind und dort auch sein wollen. Eine Region, die wirtschaftlich wächst – und mit ihr die Menschen, die in diesem Prozess neue und in die Zukunft weisende Perspektiven entwickeln können für ein Deutschland, in dem Zuschreibungen wie »Ost« und »West« keine Rolle mehr spielen – das vereint ist in Chancen und Zukunftsstärke.

DANK

An erster Stelle möchte ich meiner über alles geliebten Frau Meri Dalloway danken. Du, liebe Meri, stehst mir mit deiner Liebe, Geduld und bedingungslosen Unterstützung zur Seite, gibst mir die Kraft, die ich brauche, und hast mich bestärkt, das Abenteuer dieses Buches zu wagen.

Mein ebenso inniger Dank richtet sich an meine Familie, die mich auf meinem Lebensweg stets begleitet und gefördert hat. Lieber Papa, auch wenn du diese Welt viel zu früh verlassen musstest, werden mich dein schützender Beistand, deine Liebe, deine Werte und dein Vertrauen in mich mein Leben lang leiten und stärken. Und du, liebe Mama, bleibst für mich die beste, die herzlichste und fürsorglichste Seele. Deine grenzenlose Liebe, deine Ratschläge und deine Stärke haben mich zu dem Menschen gemacht, der ich heute bin. Ich danke dir für deine Geduld, deine Großzügigkeit und deine Empathie. Dir, Bruderherz, danke ich für deine stets motivierenden Worte, deine klugen Impulse und dein immer offenes Ohr. In euch dreien habe die besten Vorbilder gehabt, die eine Heranwachsende sich nur wünschen kann.

Liebe Jenny, es gibt keine Worte, die angemessen beschreiben könnten, welch große Bedeutung du in meinem Leben hast, wie sehr du mir Inspiration und Anregung warst. Du bist nicht nur meine beste Freundin, in deiner Großherzigkeit und Verbundenheit bist du wie eine immer gewünschte Schwester für mich. Ohne dich wäre dieses Buch nie entstanden – danke dir von ganzem Herzen.

Ein großer Dank geht auch an meine lieben Großeltern, Tanten, Onkel und die erweiterte Familie, an Anna-Greta, Bertil, Jörgen, Jeanette, Eka, Maka, Vako, Eva, Kristina – und auch an meine Katzen. Danke für eure Offenheit und eure Begleitung auf meinem Weg, ihr werdet immer ein Teil davon sein.

Luise, Viktoria, Tamara, Gabriel, Julia und Olivia – ich bin unglaublich stolz auf euch und liebe euch von ganzem Herzen. Geht mutig und entschlossen euren Weg in die Zukunft, lasst euch nicht aufhalten durch Hindernisse, zieht daraus Kraft und Inspiration für eure Vision. Dieses Buch ist auch ein Stück von euch.

Mein großer Dank geht auch an Professor Dr. Dirk Oschmann und Professor Dr. Steffen Mau für ihre Ermutigung und Impulse zu diesem Buch, wie auch an all die besonderen Menschen, die mich während meiner Karriere und im Leben begleitet, gestärkt und ermutigt haben: Alexia, Laetitia, Martine, Kate, Alexandra, Jasleen, Ilene, Jessica, Nazli, Jutta, Sonia, Christian, Odon, Philippe, David, Mark, Matthew, Ron, Kathrin, Staffan, Rukayyat, Barbara, Sandra, Silke, Daniela, Jörg, Nicole, Beatrix, Mike, Markus, Franci, Keti, Marta und Madona. Und an all die vielen anderen namentlich hier nicht genannten.

Abschließend ein riesengroßes Danke an die Lektorin, Evelin Schultheiß, für ihre kongeniale Textarbeit und an den gesamten Murmann Verlag für die Unterstützung und das Vertrauen in mich.

DANKE!
Simona Stoytchkova

ANMERKUNGEN

1 https://www.linkedin.com/posts/wiebke-ankersen_karriere-wie-der-aufstieg-ins-top-management-activity-7159137472805785600-fjfm/?originalSubdomain=de

2 Milena Merten et al.: »So gelingt der Aufstieg ins Top-Management eines Dax-Konzerns.« In: *Handelsblatt*, 07.02.2024, https://www.handelsblatt.com/karriere/karriere-so-gelingt-der-aufstieg-ins-top-management-eines-dax-konzerns/100002620.html

3 Rocío Lorenzo et al.: *The Mix That Matters. Innovation Through Diversity*. Februar 2017, The Boston Consulting Group, https://media-publications.bcg.com/22feb2017-mix-that-matters.pdf

4 Ian Stewart: *Welt-Formeln: 17 mathematische Gleichungen, die Geschichte machten*. Reinbek: Rowohlt 2014.

5 Ebd., S. 10.

6 https://www.handelsblatt.com/karriere/karriere-so-gelingt-der-aufstieg-ins-top-management-eines-dax-konzerns/100002620.html

7 Ulrike Nimz: »Wir Wendekinder.« In: *Süddeutsche Zeitung*, 01.10.2015, https://www.sueddeutsche.de/politik/25-jahre-deutsche-einheit-wir-wendekinder-1.2670371

8 Christian Bangel et al.: »Die Millionen, die gingen.« In: *Zeit Online*, 02.05.2019, https://www.zeit.de/politik/deutschland/2019-05/ost-west-wanderung-abwanderung-ostdeutschland-umzug

9 Eliten-Monitor: »Ostdeutsche in Chefetagen weiter unterrepräsentiert.« In: *Berliner Zeitung*, 20.09.2023, https://www.berliner-zeitung.de/news/eliten-monitor-ostdeutsche-in-eliten-weiter-unterrepraesentiert-li.418620

10 Jessy Wellmer: *Die neue Entfremdung: Warum Ost- und Westdeutschland auseinanderdriften und was wir dagegen tun können*. Köln: Kiepenheuer & Witsch 2024, hier S. 40.

11 Naika Foroutan: »Das nennt man Emanzipation.« In: *Zeit Online*, 01.04.2019, https://www.zeit.de/gesellschaft/zeitgeschehen/2019-03/naika-foroutan-ostdeutsche-muslime-diskriminierung-rassismus/seite-4

12 Vgl. dazu Klaus Brehling: *Die Treuhand: Wie eine Behörde ein ganzes Land abschaffte*. Berlin: edition berolina 2016.

13 https://www.bpb.de/themen/deutsche-einheit/lange-wege-der-deutschen-einheit/501149/buerger-zweiter-klasse/

14 https://www.zeit.de/politik/deutschland/2019-05/ost-west-wanderung-abwanderung-ostdeutschland-umzug

15 Jeannette Gusko: *Aufbrechen. Warum wir jetzt Menschen brauchen, die große Umbrüche bewältigt haben*. Zürich: Atrium 2023, S. 15.

16 https://www.youtube.com/watch?v=u4ZoJKF_VuA

17 Lisa Quast: »Woman CAN Have It All – Just Not All At The Same Time.« In: *Forbes*, 10.09.2012, https://www.forbes.com/sites/lisaquast/2012/09/10/women-can-have-it-all-just-not-all-at-the-same-time/

18 Michele D’Amico: »Beyond The Broken Rung: Allyship As A Path To Equity.« In: *Forbes*, 02.04.2024, https://www.forbes.com/sites/forbescoachescouncil/2024/04/02/beyond-the-broken-rung-allyship-as-a-path-to-equity/?sh=75a007917bf7

19 Vgl. dazu Gerhart Neuner: *Sozialistische Persönlichkeit – ihr Werden, ihre Erziehung.* Berlin: Dietz Verlag 1975.

20 Robert Greene: *Power. Die 48 Gesetze der Macht.* München: dtv 2001.

21 Robert K. Greenleaf: *Servant Leadership. A Journey into the Nature of Legitimate Power and Greatness.* Mahwah, NJ: Paulist Press 2022.

22 Manfred G. Schmidt: »Der sozialistische Wohlfahrts- und Arbeitsstaat. Die DDR-Sozialpolitik im internationalen Vergleich.« In: *Sozialpolitik der DDR. Sozialpolitik und Sozialstaat*, Vol. 4. Wiesbaden: VS Verlag für Sozialwissenschaften 2004.

23 https://www.deutschlandatlas.bund.de/DE/Home/home_node.html

24 Silke Fokken: »Das Hausfrauen-Kalkül im deutschen Schulsystem.« In: *Der Spiegel*, 17.07.2023, https://www.spiegel.de/panorama/bildung/bildung-das-hausfrauen-kalkuel-im-deutschen-schulsystem-a-487fdc03-7c29-408d-87b2-e464f805863e

25 https://www.ein-herz-fuer-kinder.de/projekte/der-ifo-ein-herz-fuer-kinder-chancenmonitor-2023

26 Annette Kuhn: »Lehrkräfte diskriminieren nicht ethnisch, sondern sozial.« In: *Deutsches Schulportal*, 08.01.2021, https://deutsches-schulportal.de/bildungswesen/uebergangsempfehlung-joerg-dollmann-lehrkraefte-diskriminieren-nicht-ethnisch-sondern-sozial/

27 Dirk Oschmann: *Der Osten: eine westdeutsche Erfindung. Wie die Konstruktion des Ostens unsere Gesellschaft spaltet.* Berlin: Ullstein 2023, S. 65.

28 Ebd., S. 62 und 63.

29 Ebd., S. 67.

30 HEC Paris: École des hautes études commerciales Paris – private Wirtschaftshochschule in Paris; ESSEC: École supérieure des sciences économiques et commerciales, Wirtschaftshochschule in Cergy u.a.; INSEAD: Institut Européen d’Administration des Affaires in Fontainebleau u.a.; ESCP: École supérieure de commerce de Paris, private Wirtschaftshochschule in Paris u.a.

31 Viola Keeve: »Das exklusivste Internat der Welt.« In: *Manager Magazin*, 02.04.2024, https://www.manager-magazin.de/lifestyle/leute/bildung-wo-milliardaere-und-koenige-lernen-le-rosey-das-exklusivste-internat-der-welt-in-der-schweiz-a-07f3220e-c01b-43ed-8a81-6ed2a7a045fb

32 Susanne Kirchmayer im Gespräch mit Ulrich Biermann: »Friede, Freude, Werbewagen.« In: *Deutschlandfunk*, 16.05.2024, https://www.deutschlandfunk.de/30-jahre-love-parade-friede-freude-werbewagen-100.html

33 Christian Bangel et al.: »Die Millionen, die gingen.« In: *Zeit Online*, 02.05.2019, https://www.zeit.de/politik/deutschland/2019-05/ost-west-wanderung-abwanderung-ostdeutschland-umzug; sowie: https://www.destatis.de/DE/Themen/Querschnitt/Demografischer-Wandel/Aspekte/demografie-bevoelkerungsentwick

lung-ost-west.html#:~:text=Im%20Zeitraum%20von%201991%20bis,den%20 Osten%20in%20Richtung%20Westdeutschland

34 https://de.statista.com/statistik/daten/studie/1037866/umfrage/dax-mdax-und-sdax-unternehmen-nach-bundeslaendern-2019/

35 Arvid Kaiser: »Die Oasen in der ostdeutschen Wirtschaftswüste.« In: *Manager Magazin*, 03.10.2019, https://www.manager-magazin.de/unternehmen/industrie/brandenburg-und-sachsen-das-sind-die-groessten-unternehmen-a-1283922.html

36 https://www.manager-magazin.de/fotostrecke/dax-vorstaende-aus-ostdeutschland-fotostrecke-167302.html

37 »VW-Vorstand warnt vor AfD in Ostdeutschland.« In: *FAZ*, 02.032019, https://www.faz.net/aktuell/wirtschaft/vw-vorstand-hiltrud-werner-warnt-vor-afd-in-ostdeutschland-16068894.html

38 https://www.maz-online.de/brandenburg/scholz-2050-gibt-es-ostdeutsche-dax-konzerne-6BJMTRRJNURN7ENAFBBPDCNHWA.html

39 https://de.statista.com/statistik/daten/studie/235806/umfrage/einnahmen-aus-der-erbschaftsteuer/#:~:text=Im%20Jahr%202022%20betrugen%20die, rund%209%2C23%20Milliarden%20Euro

40 Elisabeth Enders: »Der lange Weg vom Staats- zum Privateigentum.« In: *MDR*, 13.07.2022, https://www.mdr.de/geschichte/zeitgeschichte-gegenwart/wirtschaft/vermoegen-grunderbe-ostdeutschland-immobilien-eigenheim-ungleichheit-eigentum-100.html

41 Ebd.

42 Pierre Bourdieu: »The Forms of Capital. « In: John G. Richardson (Hrsg.): *Handbook of Theory and Research for the Sociology of Education*. New York: Bloomsbury 1986, S. 241–258.

43 Ullrich Bauer, Uwe H. Bittlingmayer und Albert Scherr (Hrsg.): *Handbuch Bildungs- und Erziehungssoziologie*. Wiesbaden: VS Verlag 2012, S. 229.

44 Jan Guldner: »Karrierefaktor Stallgeruch.« In: *WirtschaftsWoche*, 26.03.2021, https://www.wiwo.de/erfolg/hochschule/harvard-oxford-und-co-karrierefaktor-stallgeruch/27014690.html

45 Sylvia Ann Hewlett: *Executive Presence: The Missing Link Between Merit and Success*. New York: Harper Business 2014.

46 Nassim Nicholas Taleb: *Antifragilität: Anleitung für eine Welt, die wir nicht verstehen*. München: Albrecht Knaus Verlag 2013.

47 https://www.youtube.com/watch?v=UF8uR6Z6KLc

48 https://www.mdr.de/medien360g/medienkultur/datenanalyse-ostdeutschland-berichterstattung-100.html

49 Susanne Lenz: »Norbert Bisky im Interview: Es gibt viel Wut in Ostdeutschland, auch Wut auf sich selbst.« In: *Berliner Zeitung*, 15.09.2023, https://www.berliner-zeitung.de/kultur-vergnuegen/kunst/norbert-bisky-schlimm-genug-dass-die-ddr-jemals-in-meiner-seele-war-oder-in-der-ddr-waere-ich-niemals-maler-geworden-li.387477

50 Steffen Winter: »So ist er, der Ossi. Oder nicht?« In: *Der Spiegel*, 23.08.2019, https://www.spiegel.de/politik/ost-deutschland-so-ist-er-der-ossi-oder-nicht-a-00000000-0002-0001-0000-000165579688

51 »Wir Ostdeutsche – dreißig Jahre im vereinten Land«, https://www.ardmediathek.de/video/mdr-dok/wir-ostdeutsche-30-jahre-im-vereinten-land/mdr-fernsehen/Y3JpZDovL21kci5kZS9zZW5kdW5nLzI4MjA0MC80MDMxNDgtMzg2OTcz

52 Vgl. Katja Hoyer: *Diesseits der Mauer: Eine neue Geschichte der DDR 1949–1990*. Hamburg: Hoffmann und Campe 2023.

53 Andreas Böhnisch: »33 Jahre Einheit: ›Wir Medien sollten anders über Ostdeutschland berichten‹.« SWR, 02.10.2023, https://www.swr.de/swraktuell/radio/33-jahre-einheit-wir-medien-sollten-anders-ueber-ostdeutschland-berichten-100.html

54 https://www.saechsischer-literaturrat.de/projekte/sachsischer-literaturpreis

55 https://www.mz.de/mitteldeutschland/leipzig/buchmesse-leipzig-propalaestinensische-aktivisten-unterbrechen-rede-von-bundespraesidenten-steinmeier-3811321

56 https://www.youtube.com/watch?v=UFWrwd0dTDI

57 https://www.youtube.com/watch?v=UFWrwd0dTDI

58 https://www.youtube.com/watch?v=z-TjoxugK3g

59 Marleen van de Camp: »Statussymbole wie Autos und teurer Schmuck sterben aus – in zehn Jahren wird Luxus etwas völlig anderes bedeuten.« In: *Business Insider*, 19.08.2020, https://www.businessinsider.de/leben/selbstoptimierung/statussymbole-wie-autos-und-teurer-schmuck-sterben-r/

60 Christopher A. Barlett: »Unilever's New Global Strategy: Competing through Sustainability.« In: *Harvard Business School*, November 2015, https://www.hbs.edu/faculty/Pages/item.aspx?num=50063

61 McKinsey & Company: *Diversity Matters Even More. The Case for Holistic Impact*, 05.12.2023, https://www.mckinsey.com/featured-insights/diversity-and-inclusion/diversity-matters-even-more-the-case-for-holistic-impact

62 Christoph Sackmann: »Frauen als Lösung für Fachkräftemangel: Was Staat und Unternehmen tun müssen.« In: FOCUS online, 25.07.2023, https://www.focus.de/finanzen/news/arbeitsmarkt/zu-wenig-kinderbetreuung-zu-viel-diskriminierung-frauen-als-loesung-fuer-den-fachkraeftemangel-was-staat-und-unternehmen-tun-muessen_id_199538439.html

63 Siehe Simone Grellmann: »Was sind die größten Herausforderungen im deutschen Schulsystem?« In: *Bundeszentrale für politische Bildung*, 13.10.2023, https://www.bpb.de/themen/bildung/dossier-bildung/541632/was-sind-die-groessten-herausforderungen-im-deutschen-schulsystem/

64 Katja Gelinsky: »Was muss Schule leisten?« In: *FAZ*, 11.06.2024, https://www.faz.net/aktuell/karriere-hochschule/klassenzimmer/bildungsmisere-was-muss-schule-leisten-19779049.html

65 Beate Wild im Gespräch mit Carsten Schneider: »Stiftungen müssen vor Ort sichtbar sein«. In: *Stiftungswelt*, 03.01.2023, https://www.stiftungswelt.de/dossier/stiftungen-muessen-vor-ort-sichtbar-sein.html

66 https://www.ostbeauftragter.de/ostb-de/aktuelles/zukunftswege-ost-zivilgesellschaft-stiftungen-2264590

67 https://ostdeutscheswirtschaftsforum.de/wp-content/uploads/2024/03/PM-OWF24-Programm.pdf

LITERATURVERZEICHNIS

Bangel, Christian et al.: »Die Millionen, die gingen.« In: *Zeit Online*, 02.05.2019, https://www.zeit.de/politik/deutschland/2019-05/ost-west-wanderung-abwanderung-ost-deutschland-umzug

Barlett, Christopher A.: »Unilever's New Global Strategy: Competing through Sustain ability.« In: *Harvard Business School*, November 2015, https://www.hbs.edu/faculty/Pages/item.aspx?num=50063

Bauer, Ullrich, Uwe H. Bittlingmayer, Albert Scherr (Hrsg.): *Handbuch Bildungs- und Erziehungssoziologie*. Wiesbaden: VS Verlag 2012, S. 229

Bierman, Ulrich im Gespräch mit Susanne Kirchmayer: »Friede, Freude, Werbewagen.« In: *Deutschlandfunk*,16.05.2024, https://www.deutschlandfunk.de/30-jahre-love-parade-friede-freude-werbewagen-100.html

Böhnisch, Andreas: »33 Jahre Einheit: ›Wir Medien sollten anders über Ostdeutschland berichten‹.« In: *SWR*, 02.10.2023, https://www.swr.de/swraktuell/radio/33-jahre-einheit-wir-medien-sollten-anders-ueber-ostdeutschland-berichten-100.html

Bourdieu, Pierre: »The Forms of Capital.« In: John G. Richardson (Hrsg.): *Handbook of Theory and Research for the Sociology of Education*. New York: Bloomsbury 1986, S. 241–258

Brehling, Klaus: *Die Treuhand: Wie eine Behörde ein ganzes Land abschaffte*. Berlin: edition berolina 2016

D'Amico, Michele: »Beyond The Broken Rung: Allyship As A Path To Equity.« In: *Forbes*, 02.04.2024, https://www.forbes.com/sites/forbescoachescouncil/2024/04/02/beyond-the-broken-rung-allyship-as-a-path-to-equity/?sh=75a007917bf7

Enders, Elisabeth: »Der lange Weg vom Staats- zum Privateigentum.« In: *MDR*, 13.07.2022, https://www.mdr.de/geschichte/zeitgeschichte-gegenwart/wirtschaft/vermoegen-grunderbe-ostdeutschland-immobilien-eigenheim-ungleichheit-eigentum-100.html

epd/dpa: »Eliten-Monitor: Ostdeutsche in Chefetagen weiter unterrepräsentiert.« In: *Berliner Zeitung*, 20.09.2023, https://www.berliner-zeitung.de/news/eliten-monitor-ostdeutsche-in-eliten-weiter-unterrepraesentiert-li.418620

Fokken, Silke: »Das Hausfrauen-Kalkül im deutschen Schulsystem.« In: *Der Spiegel*, 17.07.2023, https://www.spiegel.de/panorama/bildung/bildung-das-hausfrauen-kalkuel-im-deutschen-schulsystem-a-487fdc03-7c29-408d-87b2-e464f805863e

Foroutan, Naika: »Das nennt man Emanzipation.« In: *Zeit Online*, 01.04.2019, https://www.zeit.de/gesellschaft/zeitgeschehen/2019-03/naika-foroutan-ostdeutsche-muslime-diskriminierung-rassismus/seite-4

Gelinsky, Katja: »Was muss Schule leisten?« In: *FAZ*, 11.06.2024, https://www.faz.net/aktuell/karriere-hochschule/klassenzimmer/bildungsmisere-was-muss-schule-leisten-19779049.html

Greene, Robert: *Power. Die 48 Gesetze der Macht.* München: dtv 2001

Greenleaf, Robert K.: *Servant Leadership. A Journey into the Nature of Legitimate Power and Greatness.* Mahwah, NJ: Paulist Press 2022

Grellmann, Simone: »Was sind die größten Herausforderungen im deutschen Schulsystem?« In: *Bundeszentrale für politische Bildung*, 13.10.2023, https://www.bpb.de/themen/bildung/dossier-bildung/541632/was-sind-die-groessten-herausforderungen-im-deutschen-schulsystem/

Gusko, Jeannette: *Aufbrechen. Warum wir jetzt Menschen brauchen, die große Umbrüche bewältigt haben.* Zürich: Atrium 2023

Jan Guldner: »Karrierefaktor Stallgeruch.« In: *WirtschaftsWoche*, 26.03.2021, https://www.wiwo.de/erfolg/hochschule/harvard-oxford-und-co-karrierefaktor-stallgeruch/27014690.html

Hewlett, Sylvia Ann: *Executive Presence: The Missing Link Between Merit and Success.* New York: Harper Business 2014

Hoyer, Katja: *Diesseits der Mauer: Eine neue Geschichte der DDR 1949–1990.* Hamburg: Hoffmann und Campe 2023

Kaiser, Arvid: »Die Oasen in der ostdeutschen Wirtschaftswüste.« In: *Manager Magazin*, 03.10.2019, https://www.manager-magazin.de/unternehmen/industrie/brandenburg-und-sachsen-das-sind-die-groessten-unternehmen-a-1283922.html

Keeve, Viola: Das exklusivste Internat der Welt. In: *Manager Magazin*, 02.04.2024, https://www.manager-magazin.de/lifestyle/leute/bildung-wo-milliardaere-und-koenige-lernen-le-rosey-das-exklusivste-internat-der-welt-in-der-schweiz-a-07f3220e-c01b-43ed-8a81-6ed2a7a045fb

Kuhn, Annette: »Lehrkräfte diskriminieren nicht ethnisch, sondern sozial.« In: *Deutsches Schulportal*, 08.01.2021, https://deutsches-schulportal.de/bildungswesen/uebergangsempfehlung-joerg-dollmann-lehrkraefte-diskriminieren-nicht-ethnisch-sondern-sozial/

Lenz, Susanne: »Norbert Bisky im Interview: Es gibt viel Wut in Ostdeutschland, auch Wut auf sich selbst.« In: *Berliner Zeitung*, 15.09.2023, https://www.berliner-zeitung.de/kultur-vergnuegen/kunst/norbert-bisky-schlimm-genug-dass-die-ddr-jemals-in-meiner-seele-war-oder-in-der-ddr-waere-ich-niemals-maler-geworden-li.387477

Lorenzo, Rocío et al.: *The Mix That Matters. Innovation Through Diversity.* Februar 2017, The Boston Consulting Group, https://media-publications.bcg.com/22feb2017-mix-that-matters.pdf

McKinsey & Company: *Diversity Matters Even More. The Case for Holistic Impact*, 05.12.2023, https://www.mckinsey.com/featured-insights/diversity-and-inclusion/diversity-matters-even-more-the-case-for-holistic-impact

Merten, Milena et al.: »So gelingt der Aufstieg ins Top-Management eines Dax-Konzerns.« In: *Handelsblatt*, 07.02.2024, https://www.handelsblatt.com/karriere/karriere-so-gelingt-der-aufstieg-ins-top-management-eines-dax-konzerns/100002620.html

Neuner, Gerhart: *Sozialistische Persönlichkeit – ihr Werden, ihre Erziehung*. Berlin: Dietz Verlag 1975

Nimz, Ulrike: »Wir Wendekinder.« In: *Süddeutsche Zeitung*, 01.10.2015, https://www.sueddeutsche.de/politik/25-jahre-deutsche-einheit-wir-wendekinder-1.2670371

Oschmann, Dirk: *Der Osten: eine westdeutsche Erfindung: Wie die Konstruktion des Ostens unsere Gesellschaft spaltet*. Berlin: Ullstein 2023

Quast, Lisa: »Woman CAN Have It All – Just Not All At The Same Time.« In: *Forbes*, 10.09.2012,

https://www.forbes.com/sites/lisaquast/2012/09/10/women-can-have-it-all-just-not-all-at-the-same-time/

Sackmann, Christoph: »Frauen als Lösung für Fachkräftemangel: Was Staat und Unternehmen tun müssen.« In: *FOCUS online*, 25.07.2023, https://www.focus.de/finanzen/news/arbeitsmarkt/zu-wenig-kinderbetreuung-zu-viel-diskriminierung-frauen-als-loesung-fuer-den-fachkraeftemangel-was-staat-und-unternehmen-tun-muessen_id_199538439.html

Schmidt, Manfred G.: »Der sozialistische Wohlfahrts- und Arbeitsstaat. Die DDR-Sozialpolitik im internationalen Vergleich.« In: *Sozialpolitik der DDR. Sozialpolitik und Sozialstaat*, Vol. 4. Wiesbaden: VS Verlag für Sozialwissenschaften 2004

Stewart, Ian: *Welt-Formeln: 17 mathematische Gleichungen, die Gesichte machten*. Reinbek: Rowohlt 2014

Taleb, Nassim Nicholas: *Antifragilität: Anleitung für eine Welt, die wir nicht verstehen*. München: Albrecht Knaus Verlag 2013

van de Camp, Marleen: »Statussymbole wie Autos und teurer Schmuck sterben aus – in zehn Jahren wird Luxus etwas völlig anderes bedeuten.« In: *Business Insider*, 19.08.2020, https://www.businessinsider.de/leben/selbstoptimierung/statussymbole-wie-autos-und-teurer-schmuck-sterben-r/

Wellmer, Jessy: *Die neue Entfremdung: Warum Ost- und Westdeutschland auseinanderdriften und was wir dagegen tun können*. Köln: Kiepenheuer & Witsch 2024

Wild, Beate im Gespräch mit Carsten Schneider: »Stiftungen müssen vor Ort sichtbar sein.« In: *Stiftungswelt*, 03.01.2023, https://www.stiftungswelt.de/dossier/stiftungen-muessen-vor-ort-sichtbar-sein.html

Winter, Steffen: »So ist er, der Ossi. Oder nicht?« In: *Der Spiegel*, 23.08.2019, https://www.spiegel.de/politik/ost-deutschland-so-ist-er-der-ossi-oder-nicht-a-00000000-0002-0001-0000-000165579688

ÜBER DIE AUTORIN

© Mike Meyer Photography

Simona Stoytchkova war Vorständin in international börsengelisteten Unternehmen wie State Street und IG. Angefangen in der Wirtschaftsprüfung, führte sie ihre Karriere durch London, Paris, München und Frankfurt, wo sie bei renommierten Banken wie Deutsche Bank, Morgan Stanley, Lehman Brothers und Société Générale tätig war. Heute setzt sich die Autorin leidenschaftlich für Diversität, Female Empowerment und nachhaltiges Leadership ein, damit es mehr Spitzenführungskräfte wie sie mit ostdeutscher Herkunft gibt.

Druckprodukt mit finanziellem
Klimabeitrag
ClimatePartner.com/12752-1803-1001

Zum Ausgleich für die entstandene CO_2-Emission bei der Produktion dieses Buches unterstützen wir die Bereitstellung von effizienten Kochöfen in Sambia. Die verbesserten Kochöfen verbrauchen zwei Drittel weniger Brennmaterial und verringern so nicht nur den CO_2-Ausstoß, sondern auch die Rodung der lokalen Wälder. Durch die bessere Luftqualität in den Räumen werden Atemwegserkrankungen verringert, und Familien können Zeit und Geld sparen, da weniger Brennmaterial benötigt wird.

Bibliografische Information der Deutschen Nationalbibliothek
Die Deutsche Nationalbibliothek verzeichnet diese Publikation in der Deutschen Nationalbibliografie; detaillierte bibliografische Daten sind im Internet über http://dnb.de abrufbar.

Lektorat: Evelin Schultheiß, Kirchwalsede
Druck: Steinmeier GmbH & Co. KG, Deiningen
Printed in Germany

ISBN 978-3-86774-802-5

Besuchen Sie uns im Internet: www.murmann-publishers.de
Ihre Meinung zu diesem Buch interessiert uns!
Zuschriften bitte an info@murmann-publishers.de
Den Newsletter des Murmann Verlages können Sie anfordern unter newsletter@murmann-publishers.de